Diccionario básico de Filosofía

DICCIONARIOS BÁSICOS

La Bisagra | Buenos Aires | 2011

Fau, Mauricio Enrique
    Diccionario básico de filosofía. - 1a ed. - Buenos Aires : La Bisagra Editorial, 2011.
    v. 1, 96 p. ; 14x10 cm. - (Diccionarios Básicos / Mauricio Enrique Fau; 1)

    ISBN 978-987-1719-24-2

    1. Diccionarios. 2. Filosofía. I. Título
    CDD 103

Fecha de catalogación: 18/08/2011

Colección Diccionarios Básicos
Director de la colección › Lic. Mauricio E. Fau

Mauricio Fau se graduó en la Licenciatura en Ciencia Política en la Universidad de Buenos Aires, UBA. Cursó también estudios de grado en la Carrera de Derecho de la UBA y en la Carrera de Periodismo de la Universidad de Morón.

Asimismo realizó materias de posgrado de la Maestría en Ciencias Sociales con especialización en Ciencia Política de la Facultad Latinoamericana de Ciencias Sociales, FLACSO.

Asistió a diversos talleres y seminarios en instituciones educativas, entre ellas el Instituto Argentino de Desarrollo Económico, IADE.

Representando a FLACSO participó con una ponencia en las Jornadas Nacionales Nietzsche 1994 y su exposición forma parte del libro alusivo, editado por la Editorial Universitaria de Buenos Aires, EUDEBA. Ha colaborado también con publicaciones vinculadas a las Ciencias Sociales y co-dirigió programas radiales de temática histórico-política.

Profesionalmente, se desempeñó como docente de la Carrera de Ciencia Política de la UBA y actualmente es Director Académico de La Bisagra Editorial y autor de numerosos libros de temática universitaria.

Derechos exclusivos ©2011, La Bisagra Editorial.
Tonelero 5971, CP 1408, CABA, 4642-3802.
Salón de ventas: Librería TODO CBC, Viamonte 2011, CABA.
Impreso en Arieimpresores, Mariano Acha 2415 (1430), C.A.B.A., en el mes de septiembre de 2011.

1° impresión en esta colección: 1000.
Hecho el depósito que prevé la ley 11.723
Impreso en Argentina

Diseño de tapa e interior: María Eugenia Vigna
Ilustración de tapa: Leandro Fernández Fau

Escribo para que la muerte no tenga la última palabra.

Odysseus Elytis, poeta griego

DATOS BIOGRÁFICOS

DEL AUTOR

Mauricio Fau se graduó en la Licenciatura en Ciencia Política en la Universidad de Buenos Aires, UBA.

Cursó también estudios de grado en la Carrera de Derecho de la UBA y en la Carrera de Periodismo de la Universidad de Morón.

Asimismo realizó materias de posgrado de la Maestría en Ciencias Sociales con especialización en Ciencia Política de la Facultad Latinoamericana de Ciencias Sociales, FLACSO.

Asistió a diversos talleres y seminarios en instituciones educativas, entre ellas el Instituto Argentino de Desarrollo Económico, IADE.

Representando a FLACSO participó con una ponencia en las Jornadas Nacionales Nietzsche 1994 y su exposición forma parte del libro alusivo, editado por la Editorial Universitaria de Buenos Aires, EUDEBA.

Ha colaborado también con publicaciones vinculadas a las Ciencias Sociales y co-dirigió programas radiales de temática histórico-política.

Profesionalmente, se desempeñó como docente de la Carrera de Ciencia Política de la UBA y actualmente es Director del Departamento Académico de la firma Soluciones Universitarias, especializada en la elaboración de materiales didácticos para el ingreso a la Universidad.

DEL REVISOR

Rocío Pichon Rivière cursó la Carrera de Filosofía en la Universidad de Buenos Aires, con especialidad en temas de Lógica y Epistemología.

PREFACIO

Elaborar este diccionario –y los demás que forman la colección de Diccionarios Básicos– ha sido una tarea ardua e intensa, pero muy satisfactoria.

Las miles de horas dedicadas al trabajo se ven recompensadas por la convicción de que el lector encontrará un material realmente valioso, realizado con la mayor seriedad.

En lo personal, me ha sido de suma utilidad el verme ante el desafío de elaborar un contenido que incluya las más diversas manifestaciones del pensamiento, con la convicción de que es desde el conocimiento de lo diverso como se constituyen las propias ideas.

Sin caer en un eclecticismo vacío ni oportunista, la legítima aspiración a la objetividad científica se topa indefectiblemente con la toma de posición, la cual –a la inversa– es puesta en cuestionamiento, es interpelada, por ideas diferentes e incluso antagónicas.

Estoy convencido de que la verdadera libertad del hombre pasa, no por una pretendida objetividad dogmática, sino por la posibilidad de tener acceso a todas las voces, a todos los discursos, a todos los conflictos. Sólo de ese modo –es decir conociendo perfectamente aquellas ideas que no son las nuestras– podremos realmente elegir de un modo no dogmático las propias.

La vieja idea ilustrada del enciclopedismo mantiene su vigencia. El objetivo de este Diccionario es aportar un granito de arena en la titánica lucha por la liberación humana de toda forma de opresión.

Si por intermedio de este libro el lector logra aprender y aprehender algo más de lo que ya sabía. O mejor, si se topa con ideas que contradicen las suyas hasta hacerlas tambalear. Si se produce esa *sacudida*, entonces el objetivo estará cumplido. Las grandes revoluciones de la historia requieren tanto de una transformación social material como de un cambio en la cabeza de sus protagonistas.

El autor

CARACTERÍSTICAS
DEL DICCIONARIO

- Los términos más utilizados en el ámbito universitario

- Explicación breve, pero precisa y completa

- Definiciones basadas en la bibliografía propuesta en los programas de las materias del Ciclo Básico Común de la Universidad de Buenos Aires (CBC), el sistema a distancia UBA XXI y otros de diversos universidades públicas y privadas

- Gran cantidad de remisiones, para que el lector encuentre el término que busca

- Referencias cruzadas destacadas que permiten pasar de una definición a otra vinculada y así sucesivamente. Así, partiendo de cualquier definición del Diccionario es posible recorrer diversas rutas: el conjunto de una teoría, cotejar teorías diferentes, asociar y agrupar términos, recorrer la obra completa de un autor por medio de sus conceptos claves

- Contextualización rápida: en las entradas referentes a personajes históricos y pensadores, inmediatamente después del apellido y nombres se ofrecen datos como la fecha de nacimiento y muerte, nacionalidad, profesión, etc

• Términos no unívocos: en el caso de las entradas cuyas definiciones dependen de la teoría en la que se encuadren, esto se aclara específicamente. Esto es útil a los lectores para comparar y advertir la diversidad ideológica que tienen muchos términos, reforzando el espíritu pluralista y crítico, reconociendo las cargas ideológicas diferentes y hasta opuestas

• Obras claves: libros fundamentales con su autor y fecha en el que fueron escritos. Este recurso resulta muy útil para comenzar a leer un libro ya que permite contextualizarlo (con la época y el lugar en que se hizo) y ver sus ideas principales

• Términos clave de un autor: se trata de términos pertenecientes o muy ligados a un autor en particular

• Inicial: en la definición se utiliza la inicial de la entrada en cuestión

• Ejemplos: cada vez que lo hemos considerado necesario se han introducido ejemplos aclaratorios

• Letras Ch y Ll: de acuerdo con las recomendaciones de la Asociación de Academias de la Lengua Española para los diccionarios, las letras ch y ll no figuran en forma independiente sino que aparecen en el orden correspondiente dentro de la c y la l respectivamente

• Términos de otras lenguas: las palabras pertenecientes a lenguas distintas del español son presentadas en letra cursiva

• Bibliografía: al final del Diccionario, el lector hallará una bibliografía cuidadosamente seleccionada que constituye una verdadera biblioteca esencial de cada disciplina

Diccionario básico de Filosofía

A

A posteriori: **Enunciado** que necesita de la **experiencia** sensible para su fundamentación. Es una propiedad del **conocimiento** y por extensión de los **juicios** y **enunciados informativos**. Opuesto: *a priori*.

A posteriori (**Immanuel Kant**): Ver *a priori*.

A priori: Se trata de todo **enunciado** que no precisa de la **experiencia sensible** para su fundamentación, porque se apoya en principios de la pura razón, que son anteriores a toda experiencia sensible. Es una propiedad del **conocimiento** y por extensión de los **juicios** y **enunciados informativos**. Opuesto: *a posteriori*.

A priori (**Immanuel Kant**): Antes de **Kant**, filósofos como **Leibniz** y **Hume** afirmaban que los **enunciados** AP son analíticos y viceversa (Hume los llamaba *relaciones de ideas* y Leibniz *verdades de razón*). Kant distinguió el par *a posteriori*-AP del par *sintético-analítico* y desde entonces es una acalorada discusión filosófica la de si acaso todos los enunciados AP son analíticos y todos los enunciados *a posteriori* son sintéticos o si en cambio estas categorías presentan más combinaciones (por ejemplo, si existen enunciados que sean a la vez *a posteriori* y analíticos). Kant sostuvo que existen **juicios sintéticos AP** (en particular, los enunciados matemáticos y físicos, entre otros). Kant entiende la aprioridad como una **necesidad** absoluta pero no como la necesidad **lógica** de que una **tautología** sea verdadera, pues estos tipos de verdades son formales (hablan acerca del correcto uso de **símbolos**, son verdades analíticas) y no hablan acerca del mundo. Por ejemplo: "Todos los hijos tienen padres biológicos" es necesariamente verdadero porque así se define el término "hijo". Pero esta afirmación no nos permite saber nada acerca de si hay hijos en el mundo real ni hacer **predicciones** ni **explicaciones** causales de **fenómenos empíricos**. Los enunciados AP sí pueden hablar acerca de la **empiria**; en ese caso son sintéticos, pero son independientes de ésta en un sentido **epistemológico**: un juicio AP no se justifica por referencia a la **experiencia** sensible. Lo AP no se aplica a la **cosa en sí** sino sólo a los fenómenos.

Academia (Grecia, siglo V a.C.): Denominación de la escuela filosófica establecida por **Platón**, situada en el Jardín de Academo.

Acto (Aristóteles): Existencia real (lo efectivamente realizado) en oposición a la sola posibilidad de existir (**potencia**, lo aún no realizado). Por ejemplo, en un partido de fútbol hay muchos goles en potencia pero –si el resultado fue 3 a 1- sólo hubo cuatro goles en A. Otro ejemplo: un hombre siempre tiene la potencia de morir y la *actualiza* cuando muere, de una vez y para siempre.

Adorno, Theodor Wiesengrund (1903-1969): Filósofo alemán **hegeliano** de **izquierda**. Recibió influencias de Benjamin, Lukács y **Freud**. Pilar de la **Teoría Crítica** o **Escuela de Frankfurt**, desde donde sostuvo que la **sociedad** occidental industrializada niega la posibilidad del pensamiento crítico y lleva a la **cosificación** y mercantilización de todo, incluso de la vida misma. Impugnó a la **ciencia** moderna, a la que consideró envenenada de **positivismo** y presa del **principio de identidad**, a lo que opuso la **dialéctica negativa**, es decir, una crítica que se detiene en la **antítesis** o **negación**, en la no-identidad. De este modo, aunque es evidente su coincidencia con las críticas **marxistas** del **capitalismo**, no comparte con aquel la posibilidad de superar a éste, sosteniendo una concepción pesimista de la evolución social.

Agnosticismo: (Del griego *agnostos*, "desconocido"). **Doctrina** que afirma la imposibilidad de acceder al **conocimiento** de la realidad trascendente y absoluta y de la **esencia** de las cosas. Para el A, el mundo que nos rodea, o algunos de sus aspectos, no es **objetivo**, sino que es producto de nuestra **razón** y de los sentidos. Es **agnóstico**, por ejemplo, el que afirma que no puede *establecerse* la existencia o inexistencia de Dios (lo que no es lo mismo que *afirmar* su existencia, como hace el creyente ni su inexistencia, propio del **ateo**). La teoría de **Kant** sobre la imposibilidad de conocer la **cosa en sí** es un ejemplo de A. Lo mismo puede decirse de la afirmación de **Confucio**, acerca de la imposibilidad de la mente humana para conocer a Dios. También fueron partidarios del A Protágoras y A. Toynbee.

Agnóstico: El que rechaza la posibilidad de acceder a un **conocimiento** absoluto. Opuesto: **gnóstico**.

Agustinismo: Doctrina teológica y filosófica de **San Agustín** que plantea que el hombre sólo hace lo bueno cuando orienta su libre voluntad a Dios y por tanto es iluminado por la gracia divina y que –de lo contrario- cae en la perdición llevado por el pecado. De raíz neo-**platónica**, sostiene que las ideas se producen en la mente a partir de las **percepciones** sensoriales. El A fue el pensamiento dominante en la **Edad Media**, hasta el siglo XII, cuando comenzó a recibir críticas del **tomismo**.

Alegoría de la caverna (Platón): Metáfora con la que **Platón** trata de explicar las relaciones entre el hombre y la **verdad**. Platón nos propone imaginar a unos hombres encerrados desde niños en una caverna, por cuya entrada penetra la luz. Estos hombres sólo pueden ver los objetos que tienen delante, ya que las cadenas les impiden dar vuelta la cabeza. Detrás de los hombres hay un fuego que los alumbra, y luego hay un camino acompañado por una pared con dibujos de hombres y animales. Lo único que los hombres ven son las sombras de sus siluetas proyectadas por el fuego, lo que los lleva a pensar que lo que ven es la realidad (no conocen otra cosa). Sin embargo –dice el filósofo– si liberamos a esos hombres y los hacemos mirar a la luz, no verán nada, porque estarán enceguecidos. Resultado: querrán volver a las sombras, que les parecerán lo único real. Y se opondrán a salir de la caverna. Si, a pesar de ello, los obligamos a salir, verán primero las sombras, luego los hombres y objetos reflejados en el agua, luego la luz de los astros, y por último podrán mirar al Sol. A la larga, se darán cuenta de que el Sol produce las estaciones y los años, y que es la causa de todo lo que veían en la caverna. Si esos hombres regresan a la caverna, no verán nada, porque pasarán de repente de la luz a la oscuridad. Los hombres que están en la caverna y que nunca salieron de ella verán, en cambio, más que los que hayan salido. Estos hombres pensarán que los que salieron enceguecieron por salir de la caverna, por lo que reforzarán su idea de quedarse en ella, y resistirán hasta la muerte con tal de evitar salir. Entonces: la caverna es el mundo en que vivimos, el mundo de las apariencias, mientras que afuera de la caverna, en la luz del Sol, están las esencias y la verdad. Platón nos dice que salgamos de lo aparente y vayamos en busca de la verdad, de lo esencial. (La **alegoría** es expuesta en su obra *República*, libro VII).

Alético: (Del griego *aletheia*, "verdad"). Referido a la **verdad** o el "desocultar".

Alienación: Proceso o situación en que algo o alguien es o se convierte en un extraño para sí mismo. Mientras que en **Hegel** la A es ideal, **Feuerbach** la vio ligada a la **religión**: el hombre está alienado porque inventa un Dios superior a él. En los *Manuscritos de 1844* de **Marx** la A es centralmente material (aunque también reconoce la A espiritual), y se basa en la **propiedad privada de los medios de producción** –forma máxima de la A–, que hacen que al productor de la riqueza no le pertenezcan su **tiempo de trabajo**, ni las herramientas que utiliza, ni el producto de su **trabajo** (que pasa a ser **trabajo muerto, mercancía** en manos del **capitalista**), ni el **sentido** que el mismo tiene, ni en definitiva su propia vida, que van a manos de la **clase social** explotadora. Decía Marx que el trabajador, en la **sociedad capitalista** era "un mero apéndice de carne en una máquina de hierro". El término tiene también otros significados: en lo jurídico (venta o transferencia de un **bien** o **derecho**), en lo psicológico (demencia) y en lo sociológico (disolución de los lazos que unen a un **individuo** con los demás).

Althusser, Louis (1918-1990): Filósofo francés, nacido en Argelia. **Marxista estructuralista,** planteó el predominio de las **estructuras** económicas, sociales y políticas por sobre la iniciativa de los **individuos** para transformar la **sociedad.** De hecho, son esas estructuras las que constituyen a los sujetos y los convierten en agentes del **sistema.** Creador de la categoría de los **"aparatos ideológicos del Estado"**, sostuvo que las estructuras del marxismo no pueden captarse por la experiencia inmediata (propio del **empirismo**), en especial su categoría central, el **modo de producción.** De hecho, no existe la **"sociedad"**, sino los modos de producción. Así, la **ideología** es la aceptación (falsa, ilusoria, mítica) de que las cosas son obvias y que –por ende- no hay nada que preguntarse garantizando –de este modo- la dominación de la **clase** dominante. Planteó también una polémica división entre un "joven Marx" -humanista y hasta cierto punto idealista-, y un Marx "maduro", científico (rayano en el **positivismo**), que es el único que A reivindica.

Anaximandro (611-546 a.C.): Filósofo **presocrático** griego, de pensamiento **secular** y científico. Afirmaba que el hombre surgió a partir de los peces y que existe en el mundo una **sustancia** primordial única (*ápeiron*) que garantiza el equilibrio general y de donde provienen todas las cosas.

Animatismo: Ver **animismo.**

Animismo: Creencia de que en todos los seres y **fenómenos** naturales hay un espíritu, alma o Dios al cual hay que adorar. **Doctrina** que toma como principio vital al alma. El A primitivo fue la base de la **religión** y del pensamiento **idealista** posteriores. Según E. **Tylor,** es la forma más antigua de **religión.** En **Psicología** evolutiva se llama A a la tendencia del niño a dotar de vida y de voluntad a los objetos que lo rodean.

Antítesis: Proposición contraria a

otra llamada **tesis**, y que se resuelve en una tercera, llamada **síntesis**. En la **dialéctica**, es el momento de la **negación**. En la **escolástica** este es el nombre que se le daba a la **hipótesis del absurdo** en una **prueba indirecta**.

Apolíneo (Friedrich Nietzsche): Todo aquello vinculado con Apolo, **símbolo** de la armonía, la belleza y la moderación. Se opone al exceso y desenfreno de lo **dionisíaco**.

Aporía: "Camino sin salida", dificultad **lógica** insuperable o insuperada propia de un problema especulativo. Ejemplo: las A de **Zenón de Elea** sobre la negación del movimiento que en su tiempo fueron A y hoy se las considera resueltas. Es una cuestión filosófica la de si tal o cual problema tiene una salida -y cuál es la salida más pertinente- lo que rara vez tiene una respuesta universalmente aceptada. **Platón** escribió tanto diálogos aporéticos como otros en los que se aventuró a dar respuesta a problemas que había planteado antes como difíciles de resolver. Las soluciones que dio han sido severamente criticadas por muchos filósofos pero todos reconocen su genio en la calidad de los problemas que propuso.

Apriorístico: Que es *a priori*.

Aquino, Santo Tomás de: Ver **Santo Tomás de Aquino**.

Arendt, Hannah (1906-1975): Filósofa alemana. Afincada en **EE.UU.**, se especializó en el análisis de las causas del **totalitarismo**, especialmente en el **nazismo** y el **stalinismo**. En *Los orígenes del totalitarismo* (1951), A rastreó los orígenes de ese **fenómeno** en el **antisemitismo** y el **imperialismo** del siglo XIX. Recibió influencias de M. **Heidegger** y K. **Jaspers** y escribió también *La condición humana* (1958).

Aristóteles (384-322 a.C.): Filósofo griego, discípulo de **Platón**, que creó una forma más moderada de **realismo** que la de su maestro, conciliando con el **empirismo**, en oposición a la **especulación** pura platónica. Para A, las ideas están vinculadas a las cosas materiales ("ver para creer"). Algunos de sus conceptos claves fueron los de: **potencia, acto, sustancia, accidente** y la **teoría** de las **causas**. Desarrolló la **lógica** analítica, basada en el **método deductivo** y el **silogismo**. Educador de **Alejandro Magno**, fundó el **Liceo** y enseñó a los **peripatéticos**. Defendió al **Estado** o *Polis* como forma superior, basada en la unión de varias **familias** en aldeas, unidas a su vez en el Estado, lugar de la convivencia, **sociedad** perfecta y autosuficiente. Clasificó las formas de **gobierno** en tres buenas o puras (**monarquía, aristocra-**

cia y **república**), que tienden al **bien común**, y tres malas o impuras, deformaciones de las buenas (**tiranía, oligarquía** y **demagogia**). Principales obras: *Organon* (escritos lógicos), *Ética Nicomaquea* y **Política**.

Arquetipo: Modelo de algo. Para **Platón** las **ideas** eran A de las cosas de este mundo, algo eterno, inmutable e inmaterial. En C. **Jung** el A es la matriz o fondo común de la Humanidad (por ejemplo, la luz y la oscuridad, el bien y el mal, la vida y la muerte) que forma al "**inconsciente colectivo**".

***Así habló Zaratustra* (Friedrich Nietzsche, 1883-1885):** Obra cumbre del filósofo alemán, donde desarrolla sus ideas de la **voluntad de poder** (la voluntad de vivir), la muerte de Dios, el **eterno retorno** y el **superhombre**. En *Ecce homo*, **Nietzsche** dice que la figura de Zaratustra representa la autosuperación de la **moral** por veracidad, por el deseo de decir la **verdad**. La obra cuenta las aventuras de un pensador ermitaño que un día decide bajar de su montaña para hablar con los hombres y exponer su **doctrina**. La muerte de Dios autoriza a los hombres a dejar de buscar otro mundo y enfrentar éste. Pero los hombres no han despertado a este mundo todavía y se adormecen a sí mismos predicando falsas virtudes. Ellos desprecian la esencia de la vida: la voluntad de poder y la niegan a modo de venganza. El superhombre es un ideal de superación de las falsas virtudes por una nueva virtud del que ama la vida y construye sus vínculos "haciendo regalos". El relato es expresado en un lenguaje único hecho de sentencias enigmáticas, citas bíblicas permanentes y que no explicita argumentaciones, en el cual el mensaje de Zaratustra emerge como palabra revelada. Sin embargo algunas de las tesis filosóficas que allí se presentan son defendidas por Nietzsche en otras obras posteriores en las que sustenta aquella inspiración casi religiosa con un tratamiento conceptual, especialmente en *Más allá del bien y del mal*.

Asociacionismo: Teoría que explica el modo en que se enlazan los elementos mínimos. El A en su forma moderna aparece con las teorías del **empirismo** inglés (**Locke** y **Hume**).

Ateísmo: Negación de lo sobrenatural y la **religión**. Mientras que el A niega a Dios toda entidad y lo considera un invento o fábula humanos, el **agnosticismo** niega la posibilidad de conocerlo y el **escepticismo** duda acerca de su existencia. Un ejemplo de A data tuvo lugar en la Grecia Antigua con **Demócrito** y **Epicuro** y su planteo de que la materia se compone de átomos. Opuesto: **teísmo**.

Atomismo: En **filosofía** se llama atomista a toda **doctrina** que postule elementos mínimos (átomos) ya sean de orden físico, ideal, etc, y explique **fenómenos** a partir de la interacción o combinación de dichos elementos. Se habla en este sentido de A gnoseológico, físico, psicológico, etc. El **asociacionismo** moderno de **Locke** y **Hume** es un ejemplo de A gnoseológico.

Atomismo (Demócrito): Doctrina filosófica surgida entre los griegos, que afirma que toda realidad se conforma a partir de partículas invisibles, los átomos. El A intentó dar una tercera opción al problema de las perspectivas planteadas por **Heráclito** y por **Parménides**. Mientras el primero explicaba la realidad mediante el **devenir**, el segundo decía que el **ser** es uno, eterno e inmóvil. El problema radicaba en encontrar algo que explicara tanto los elementos de continuidad como los de cambio que se hallan presentes en la realidad. En este sentido, el átomo es la partícula mínima e indivisible con la cual podemos componer las realidades más complejas. Además de **Demócrito**, sus representantes más destacados son Leucipo y **Epicuro**. (Ver **atomismo**).

Avenarius, Richard (1843-1896): Filósofo **positivista** alemán, fundador del **empiriocriticismo**, teoría que niega la **introspección** y sostiene que la experiencia individual depende del medio en la que ésta se desenvuelva.

Averroes (1126-1198): Filósofo español de ascendencia árabe. Abu-l-Walid Mamad Ibn Ahmad ibn Rushd es uno de los pensadores más importantes de la **filosofía** árabe aristotélica. También tomó elementos de **Platón**, y su visión de un mundo eterno creado por un Dios eterno influyó en la **escolástica**. Entre sus obras principales encontramos a: *Incoherencia de la incoherencia*.

Axiología: Filosofía de los **valores** morales, lógicos y estéticos.

Axiológico: Aquello que está relacionado con los **valores**.

B

Bacon, Francis (1561-1626): Filósofo inglés, formuló los principios del **método científico** moderno, por lo que fue considerado el fundador de la **ciencia** experimental (por ejemplo, en las **leyes** de la mecánica). Sostenía que -una vez que se constata la **verdad** de los **enunciados particulares**- se puede inferir por medio de la **inducción** la verdad de los **enunciados universales**. Sus críticos sostienen que no existe justificación lógica para la **inferencia** inductiva. Uno de los pioneros del **empirismo**, B centró su atención en la naturaleza y el **conocimiento** del mundo y no en el intelecto, base fundamental del pensamiento aristotélico concebido por la **lógica** deductiva. Entre sus obras principales encontramos a: *Novum Organum. Ordenación metódica de las ciencias* (1620). Como uno de los autores del pensamiento de la **utopía**, escribió *Nueva Atlántida* (1627).

Bentham, Jeremy (1748-1832): Filósofo y jurista inglés, padre del **utilitarismo**, sostuvo que el hombre se maneja entre el dolor y el placer, buscando la máxima felicidad posible. Estudiando **Derecho Penal**, ideó un tipo de cárcel circular, el **panóptico**, cuyo objetivo era cambiar el castigo del encierro y la oscuridad por una vigilancia de cada movimiento de los reclusos. Si bien este **modelo** no fue aprobado en su época, fue retomado posteriormente por Michel **Foucault** para desarrollar sus teorías. Entre sus obras principales encontramos a: *Tratado de legislación civil y penal* (1802).

Berkeley, George (1685-1753): Filósofo y clérigo irlandés. Defensor del **bien común**, concepción filosófica que afirma la existencia de un conjunto de elementos materiales y morales tendientes a la felicidad, comunes a todos los **individuos** reunidos en una **sociedad**. **Empirista** e **idealista**, criticó el planteo de **Locke** acerca de que las ideas abstractas surgen a partir de ideas particulares, afirmando que en realidad todas las ideas son particulares y las ideas abstractas no existen. Para comprender lo que esto significa es menester señalar que al término **"idea"** (ver) B lo usa en el sentido que inauguró **Descartes**. Por ejemplo: yo tengo sucesivas ideas particulares de "vaso" (este vaso, aquel vaso, el mismo vaso pero a las tres de la tarde de ayer, etc.). Pero además comprendo el concepto general de "vaso", que no es ninguna de esas ideas particulares pero que me sirve para describir a todas ellas. Locke decía que este concepto era a la vez otra idea, pero una idea abstracta, que yo tuve a partir de tener las ideas particulares. Para B, en cambio, el concepto de "vaso" no es una idea sino un **signo** que nombra a la vez a todos las ideas de "vaso" (**nominalismo**). En una posición subjetivista extrema, B afirmaba que las cosas materiales no existen: sólo existen mientras que haya un sujeto que las perciba. Entre sus obras principales encontramos a: *Tratado sobre los principios del conocimiento humano* (1710).

Bien común: Concepción filosófica que afirma la existencia de un conjunto de elementos materiales y morales tendientes a la felicidad, comunes a todos los **individuos** reunidos en una **sociedad**. En algunas teorías –especialmente desde **Aristóteles**, el pensamiento **escolástico** y la óptica jurídica- el BC es el fin último del **Estado**.

C

Cartesiano: Referente al pensamiento filosófico de **Descartes**.

Cassirer, Ernst (1874-1945): Filósofo alemán, elaboró una **Antropología** filosófica de base kantiana (**idealismo** lógico), caracterizando al hombre como animal simbólico y considerando que su capacidad de simbolizar o conceptualizar lo distingue del resto de los animales. Según C, toda esfera cultural -el **lenguaje**, la **ciencia**, el arte, los **mitos**, la **religión**, etc- forma **sistemas** simbólicos. C sostiene que el **conocimiento** implica una conceptualización de la experiencia. Entre sus obras principales encontramos a: *Concepto de sustancia y concepto de función* (1910), *Filosofía de las formas simbólicas* (1923-1925) y *Antropología filosófica* (1944).

Categoría: Aristóteles definió diez **géneros** (en algunas de sus formulaciones no son diez pero se suele indicar este número) en los que se pueden clasificar las manifestaciones del **ser** (la **sustancia** y nueve accidentes: cantidad, calidad, relación, lugar, etc). Esta clasificación también distingue términos del **lenguaje** y no es claro que Aristóteles trazara una distinción tan tajante como la nuestra entre el plano lingüístico y el **óntico**. En **Kant**, es un concepto puro o *a priori* del **entendimiento**. En la actualidad, la C es vista como un concepto o clase que sirve para ordenar hechos o ideas.

Causa: Según el **empirismo**, factor o **fenómeno** que genera a otro, llamado **efecto**. En la **filosofía** clásica, todo lo que influye en la constitución de un **ser**. **Platón** sitúa a la C en las ideas, mientras que **Aristóteles** distingue una **C material**, una **C formal**, una **C eficiente** (tomada luego por el **mecanicismo**) y una **C final**. Para **Kant**, la C es una **categoría** *a priori* del **entendimiento**. Pueden identificarse más tipos de C pero, sin importar de qué tipo se trate, suelen darse dos condiciones: la **verdad** de la C implica la verdad del efecto (o al menos ofrece un **apoyo inductivo**) y además la relación entre ambos es asimétrica tal que si A es la causa *x-al* (formal, material, funcional, etc) de B entonces B no es la causa *x-al* de A.

Causa (David Hume): Desde el **empirismo**, **Hume** establece tres condiciones para afirmar que un hecho C es causa de otro E: 1- Contigüidad: C y E deben ser contiguos, es decir, producirse en la mayor proximidad espacial posible, 2- Sucesión: C debe ser inmediatamente seguido por E y, 3- **Conjunción**: siempre que se observa C debe observarse E, sin excepción. Sin embargo, el concepto de C requiere algo más: la conexión necesaria entre C y efecto también en el futuro: cada vez que en el futuro ocurra C debe ocurrir E. Hume no postula este requisito porque precisamente está desenmascarando el **problema de la inducción**: sus requisitos son de corte **empirista** y no tenemos experiencia del futuro (no hay **dato empírico** del futuro). La conexión necesaria que postulamos en una afirmación universal (que habla de infinitos casos pasados, presentes y futuros) no tiene fundamento empírico, o lo que es lo mismo, el **principio de inducción** no tiene fundamento empírico. Le han criticado a Hume que sus requisitos sólo sirven para fenómenos observables, como el movimiento de una bola de billar que mueve a otra. En este sentido, la C se diferencia de la **conexión necesaria**, que refiere a fenómenos que van más allá de lo observable.

Causa eficiente (Aristóteles): Razón por la que se produce un cambio o **efecto** que involucra movimiento, o lo que determina que un **ser** sea lo que es físicamente. Se vincula con el principio del movimiento. Por ejemplo, la acción del escultor para modelar una estatua o la acción de una bola de billar golpeando a otra.

Causa final (Aristóteles): Finalidad por la cual se hace determinada cosa. Por ejemplo, comprar verduras para hacer una ensalada. **Aristóteles** afirma que Dios es la CF de todas las cosas o "motor inmóvil." Concepto básico de la **teleología**.

Causa formal (Aristóteles): La forma o **esencia** que determina que algo sea como es. La CF de algo es su **forma**. La CF de que una manzana sea una manzana es "la determinación esencial de ser manzana" de la manzana. Esto puede sonar redundante por la concepción que tenemos acerca de lo que es una causa. Este tipo de causas fue desarrollado por **Platón**, quien las llamaba "**ideas**" y decía que las cosas del mundo **sensible** participan de ideas y que es por eso que podemos tener un **conocimiento** general acerca de las cosas.

Causa material (Aristóteles): La materia o sustrato básico que hace que el **ser** exista. La CM de algo es su **materia** (ver).

Certeza: Conocimiento seguro de una cosa.

Cínicos (Grecia, siglo III a.C.-siglo II d.C.): Corriente filosófica de la Grecia antigua, según algunos de orientación socrática, fundada por Antístenes y desarrollada también por Diógenes. Destaca la actitud contemplativa del sabio, su mundo interior y el desprecio por lo material, lo formal y la **política**.

Cogito, ergo sum **(René Descartes):** Expresión latina que significa "**pienso, luego existo**", utilizada por **Descartes** para exhibir algo de lo que no se puede dudar: en la medida en que tengo pensamientos, por ejemplo, en la medida en que creo ver una manzana -no importa si es el producto de mi imaginación, si es un sueño o si la manzana es real, en la medida en que pienso que veo esa manzana-, no puedo dudar de que yo existo. Si la manzana es irreal, si lo que yo percibo como mi propio cuerpo también es irreal, de todos modos es evidente que existo al menos como mente capaz de tener esas ideas. (Ver **idea**).

Cognición: Acción y efecto de conocer.

Cognitivo: Relativo al **conocimiento** intelectual.

Cognoscible: Que puede conocerse.

Cognoscitivo: Aquello que tiene la capacidad de conocer.

Coherencia: Ver **teoría de la verdad como coherencia**.

Conocimiento: Captación intelectual de las cualidades y las relaciones de las cosas. Por lo general, cualquier tipo de C supone generalidad, es decir, no se refiere a cosas particulares aisladas (a eso se llama **experiencia**), sino propiedades y relaciones que se dan en varios casos. El C es el **objeto** de estudio de la **gnoseología**. El **término** puede usarse como sinónimo de **conocimiento científico** o de **conocimiento directo**.

Conocimiento *a posteriori*: Ver *a posteriori*.

Conocimiento *a priori*: Ver *a priori*.

Constructivismo (décadas de 1920-1940): Postura de la **gnoseología** que sostiene que el **conocimiento** es una organización del mundo construida por la experiencia de cada **sujeto**, que no refleja una realidad **objetiva**. De este modo, el énfasis no debe estar puesto en el **objeto** a conocer sino en el hecho **subjetivo** de conocer. Se trata de una herramienta de adaptación que nos permite organizar nuestra vida en el medio, pero no descubrir una realidad subyacente. Otra variante del C es el C social, para el que la **verdad** es una construcción hecha por la mayoría de un **grupo** social que construye dicho conocimiento. De este modo, ninguna **teoría** puede demostrarse verdadera o falsa en forma definitiva ya que para el C los **datos** con que trabaja un investigador están construidos por las teorías que éste utiliza, lo que hace que esos datos no puedan servir como **prueba** de la verdad de esas teorías (tesis de Holzkamp que impugna al **falsacionismo** de **Popper**). La **psicología genética** de Jean Piaget y de algún modo la *gestalt* pertenecen al C, al igual que la Escuela de Erlangen de Paul Lorenzen y la **teoría de la comunicación** de Paul Watzlawick.

Contractualismo: Teoría política moderna, cuya aparición está relacionada con la crisis del **Medioevo** y la **transición del feudalismo al capitalismo**, que planteó la necesidad de fundar el **poder** político sobre nuevas bases no divinas ni **sagradas** y de explicar la aparición de las **sociedades** nacionales. Desde el **iusnaturalismo**, los **contractualistas** realzaron el papel del **individuo**. Según el C, los individuos viven en un **estado de naturaleza** al que –por motivos diversos según el autor– abandonan –a través de un **contrato social**– para ponerse voluntaria y racionalmente bajo el **poder** de un **soberano**, constituyendo la **sociedad civil**. Tanto para **Hobbes**, como para **Locke** y **Rousseau**, los individuos enajenan una parte de sus derechos naturales para cederlos al soberano a cambio de la protección de otros derechos que mantienen en su poder (y que varían también según el autor de que se trate).

Contractualistas: Pensadores de los siglos XVII-XVIII (**Hobbes, Locke, Rousseau**) que explicaban el origen del **Estado** y la política a partir de la firma de un **contrato social** por parte de los **individuos.**

Contrato social (contractualismo): Pacto voluntario y racional entre los **individuos** en **estado de naturaleza,** por el que renuncian a ciertos derechos, con el fin de crear el **Estado** que establezca **derechos y obligaciones** iguales para todos. En **Hobbes,** el CS cede los derechos de todos a la voluntad de uno –que no forma parte del pacto-, mientras que en **Locke** prima la **voluntad de la mayoría** –y el soberano sí forma parte del pacto- y en **Rousseau,** la **voluntad general.** En este sentido, algunos autores distinguen entre un **pacto de asociación** y un **pacto de sujeción.**

Cosa en sí (Immanuel Kant): Es la **realidad** que no puede conocerse ya que no hay de ella experiencia **posible.** Aunque no pueda conocerse una CES, puede ser pensado su concepto como lógicamente posible, pero sin podérsele adscribir una posibilidad real. La CES no está sujeta al espacio ni al tiempo. Los textos de Kant permiten identificar la CES con el **noúmeno** y con el objeto trascendental e igualmente autorizan una interpretación contraria.

Cosificar: Convertir a algo en una cosa. Refiere en particular a las personas usadas como un simple medio para lograr ciertos fines. Por ejemplo, **Marx** sostiene que el **trabajador,** al vender su **fuerza de trabajo** al **capitalista,** se aliena y se transforma en una cosa, una cosa que produce **plusvalía.**

Crítica de la razón práctica (**Immanuel Kant, 1788**): Obra fundamental de **Kant,** en la que éste establece la naturaleza de la **ley** moral y plantea que la obligación se presenta al espíritu bajo la forma de una ley que la **razón** impone a la voluntad.

Crítica de la razón pura (**Immanuel Kant, 1781**): La más importante de las obras de **Kant,** donde intenta descubrir las verdaderas capacidades del pensamiento humano. En ella desarrolla su **teoría del conocimiento,** que sostiene la imposibilidad humana de conocer la **cosa en sí** o **noúmeno,** debiendo conformarse con la **observación de los fenómenos.** También plantea que las **proposiciones analíticas** sólo aclaran lo que las palabras significan ("Los perros tienen cuatro patas"), mientras que las **proposiciones sintéticas** dicen algo más ("Los perros doberman pueden amaestrarse"). Estableció que el **conocimiento *a priori*** se funda exclusivamente en la razón y que el **conocimiento *a pos-***

teriori requiere de la **experiencia**. Se propuso combinar el **empirismo** y el **racionalismo**, insistiendo en la existencia de **enunciados sintéticos *a priori***. De este modo, para Kant el conocimiento es la unidad entre la experiencia y los **conceptos**, y ambos son necesarios: sin los sentidos, no tendríamos conciencia de la realidad, sin la razón, no podríamos crear conceptos acerca de la realidad. La mente humana dispone de categorías de pensamiento que forman un aparato conceptual básico que nos permite dar **sentido** al mundo en el que vivimos.

Croce, Benedetto (1866-1952): Filósofo hegeliano, historiador y crítico de arte italiano. Aplicó la concepción de "espíritu" de **Hegel** a la **economía**, la **lógica**, la **ética** y la estética. Su tendencia **idealista** fue criticada por A. **Gramsci**. Entre sus obras principales encontramos a: *Filosofía del espíritu* (1902-1912).

D

Deber ser: Conjunto de **normas** que establecen un estado de cosas ideal. A diferencia del **ser**, que se basa en la **descripción** de hechos, del DS no tiene sentido predicar su **verdad** o falsedad, porque se trata de **prescripciones**. Siguiendo a **Hume**, **Kelsen** sostiene la existencia de una "abismo lógico" entre ser y DS, por el cual ningún juicio de DS puede derivarse lógicamente de las **premisas** que sólo sean juicios del ser, y a la inversa.

Deconstrucción: Punto de vista filosófico que se propone derribar las construcciones de la **filosofía** clásica para llegar a los ideales o bases más valorados por la **metafísica**: **esencia**, **verdad**, fundamento. Con origen en la filosofía de **Nietzsche**, el objetivo de la D es descubrir lo accidental o lo no necesario, que hace posible el planteamiento de esos ideales. Contemporáneamente, se destacan los planteos de J. Derrida.

Demócrito (460-370 a.C.): Filósofo griego, padre fundador de la **teoría atomista**, junto con Leucipo. En su visión, el mundo cambia permanentemente porque está formado por átomos indivisibles en movimiento. Su visión fue una de las primeras en poner el acento en lo material, desplazando la centralidad de Dios en la creación de las cosas.

Deóntica: Ver **deontología**.

Deontología: Disciplina que estudia el **deber ser** y las reglas y **normas morales**. El término -propuesto por J. **Bentham**- refiere a la determinación de lo que está permitido y lo que está prohibido (**modalidades deónticas**). En la actualidad, se utiliza el término "**deóntica.**" Opuesto: **ontología**.

Derridá, Jacques (1930-2004): Filósofo francés. Basándose en la **fenomenología** de **Husserl**, se especializó en la gramática y la **deconstrucción**. Entre sus obras principales encontramos a: *De la gramatología* (1967).

Descartes, René (1596-1650): Filósofo, matemático y físico francés, uno de los más destacados pensadores del **racionalismo**, pensaba que el objetivo del **conocimiento** es obtener **verdades** ciertas e indudables mediante la argumentación racional. D buscó la explicación de los **fenómenos** físicos a través de las **leyes** matemáticas. Éstas podrían -en la visión optimista del racionalismo- descubrir la **estructura** del mundo, pues éste posee esa misma racionalidad, siendo la **razón** el instrumento privilegiado para llevar a cabo esa indagación. Es el creador de los llamados *ejes cartesianos* que permiten hacer geometría con un lenguaje algebraico y sin necesidad de hacer dibujos, porque los puntos en un plano se pueden expresar por medio de coordenadas. Su principal objetivo fue eliminar todo conocimiento dudoso, asentando a la **filosofía** y la **ciencia** sobre bases sólidas, en ideas que no se necesiten demostrar por otras. Para ello, hizo el **experimento** (mental) de poner en duda todo, mediante lo que se denominó el **método cartesiano** o **duda metódica**, que consiste en imaginar la posibilidad de que un conocimiento sea falso, y si es concebible que sea falso ponerlo en duda y provisoriamente suponer que de hecho es falso (un ejemplo: el conocimiento que creo tener acerca de mi propio cuerpo y las cosas que me rodean: pienso que tengo dos piernas, dos brazos, que estoy sentado en una silla, etc., la fuente de este conocimiento son mis sentidos; pero yo podría estar soñando todo esto; luego voy a suponer que estoy soñando). Así D cuestionó la validez de los sentidos como fuente segura del conocimiento, ya que muchas veces ellos nos engañan (ilusiones ópticas, refracción de la luz, espejismos). Además, no podemos distinguir con total seguridad cuándo estamos despiertos y cuándo dormidos. En cuanto al conocimiento racional, también aquí hay posibilidad de error. Sin embargo, D no pudo poner en duda una cosa: que él existe, en tanto piensa. Éste fue el momento destructivo de la reflexión **cartesiana**, al que le sigue el momento constructivo, en el que argumenta a favor de una serie de tesis, que incluye la afirmación de la existencia de un Dios benigno (Dios existe debido a que un ser finito como el hombre es incapaz de producir una idea tan perfecta como la de la divinidad). Dios es la garantía de la validez del conocimiento humano. Estas tesis han perdido vigencia filosófica, pero no así su método y sus reflexiones destructivas con las que creó conceptos centrales en el pensamiento moderno. Por ello se considera a D como el iniciador de la **filosofía** moderna. Su pensamiento influyó en el **idealismo**, el **fenomenalismo** y el **mecanicismo**. Entre sus obras principales encontramos a: *Discurso del método* (1637) y *Meditaciones metafísicas* (1641).

Determinismo: Concepción que afirma que todos los **hechos** son previsibles, que la realidad está determinada por **leyes** mecánicas por las que se establecen conexiones necesarias entre los **fenómenos**, que permiten hacer **predicciones** y deducir su evolución. M. **Harris** lo define con el esquema "**causas** similares bajo condiciones similares, **efectos** similares." Así, para **Galileo**, la naturaleza está regida por principios constantes. En el siglo XX, el D fue cuestionado por nuevas ideas como la **teoría de la relatividad**, la termodinámica y el azar. También existió un D de orientación pseudo-**marxista**, que planteó la inevitabilidad de la **revolución** (D económico), visión que ya había sido criticada por el propio **Marx** (ver **economicismo**). El D social o antropológico niega el **libre arbitrio** ya que para estas concepciones el yo está determinado a actuar por fuerzas que le son externas (condiciones socio-económicas, historia familiar, vivencias, etc.) y no es libre para tomar decisiones. Esta última **doctrina** fue criticada por muchos filósofos porque niega la posibilidad de la responsabilidad (ya que si creo que no soy libre de elegir lo que hago, no me siento responsable por mis actos), especialmente por **Sartre**. En el campo del pensamiento científico existe lo que se conoce como D tecnológico, que plantea que el cambio social se explica por los cambios en la **tecnología**.

Devenir: La sucesión del movimiento y el cambio, o el **ser** como proceso. Por ejemplo, refiere al D la afirmación de **Heráclito** de que "nadie se **baña dos veces en el mismo río**", que en la interpretación más común (hay otras) significa que tanto los ríos como las personas están sujetos al devenir y, por tanto, a cada instante cambian y no son idénticos a lo que eran un momento atrás. La **dialéctica** de **Hegel** también tiene a este término como uno de sus componentes esenciales.

Dewey, John (1859-1952): Filósofo y pedagogo norteamericano, realizó experimentos vinculados a una educación infantil democrática. Influido por el **pragmatismo** de **James**, sus planteos están vinculados al **instrumentalismo** y al **funcionalismo**. Entre sus obras principales encontramos a: *Psicología* (1896) y *Escuela y sociedad* (1899).

Dialéctica: Método de enseñanza filosófica utilizado entre otros por **Sócrates** y **Platón**. Consistía en el arte de preguntar y responder utilizando interlocutores, reales o imaginarios, con el objetivo de reflexionar sobre ciertos temas, persuadir a los demás o encontrar la **verdad**. La D era un método argumentativo que resaltaba las **contradicciones** en el **razonamiento** de los interlocutores, fomentando la discusión. Así, comenzó a definirse a la D como a un proceso por el que **fenómenos** contrarios se enfrentan produciendo un tercer fenómeno superador que los contiene a ambos, transformándolos. La D se basa en una **estructura** triádica: **tesis**, **antítesis** y **síntesis**. En **Hegel**, esa tríada representa el movimiento, conflicto y superación de las **ideas**, donde la síntesis se convierte en nueva tesis, que tendrá una nueva antítesis y de la que surgirá una nueva síntesis, y así sucesivamente, en un movimiento de espiral ascendente. En **Marx**, la D representa el movimiento, conflicto y superación en la **lucha de clases** y las **relaciones de producción** histórico-materiales de la Humanidad. Según su propia definición, Marx puso "patas para arriba" a Hegel: tomó de éste la D, pero desechó el **idealismo** y adoptó el **materialismo**. El cambio y el conflicto son permanentes, pero son los cambios materiales los que explican los cambios en las ideas (y no al revés, como creía Hegel). Partiendo de los análisis de **Engels**, puede hablarse de un **materialismo dialéctico marxista**, aunque el llamado **marxismo vulgar** –particularmente el **soviético** en la era **stalinista**- implicó una polémica reformulación –y deformación- del mismo. También hay autores que plantean una **lógica D**, diferente de la **lógica clásica**, basada en tres grandes **leyes de la D**: la ley del paso de la cantidad a la cualidad, la ley de la interpenetración de los opuestos o contrarios, y la ley de la **negación de la negación**.

Dialéctica negativa (Escuela de Frankfurt): Planteo crítico de una **antítesis** frente a una **tesis**, sin llegar a una **síntesis** superadora. Mientras que en la **dialéctica** hegeliana y marxista, existen tres momentos (tesis-antítesis-síntesis), en la DN sólo hay dos (tesis-antítesis), con lo que las **contradicciones** no se resuelven. La DN es propia de la visión anti-positivista pesimista de esta escuela, particularmente de T. **Adorno**, que descree de la posibilidad de superar el orden **capitalista**.

Diamat (U.R.S.S., 1924-1991): Sigla del **materialismo dialéctico** según el **marxismo vulgar**, versión simplificada y deformada de la **dialéctica** materialista. Opuesto: *hismat*.

Dionisíaco (**Friedrich Nietzsche**): Aspecto instintivo e irracional del hombre que refleja su voluntad de vivir. Opuesto: **apolíneo**.

Discurso del método (**René Descartes**, 1637): Texto fundamental del **racionalismo**, el objetivo de esta obra según su autor fue el de "guiar bien la **razón** y buscar la **verdad** en las **ciencias**." El DDM hace uso de la **duda metódica** o duda de todo lo que no es evidente por sí mismo. **"Pienso, luego existo"**, dirá, afirmando que se puede dudar de todo menos del hecho de estar pensando, por lo que el pensar se convierte en su principio filosófico esencial, de donde se deducen todos los demás principios y **leyes**.

Disputa de los universales: Controversia filosófica entre los **realistas** –que plantean que lo único real son los conceptos universales, fuentes del **conocimiento** humano– y los **nominalistas** –para quienes lo universal no revela nada esencial, ya que la realidad se conoce desde sus elementos individuales–. **Platón** y Abelardo son, respectivamente, representativos de ambas posiciones.

Dogma: Posición filosófico-teológica que sostiene la certeza absoluta de sus **conocimientos**, basados en principios supuestamente incuestionables e **irrefutables**. El creyente de un D debe aceptarlo aunque no lo comprenda y será considerado pecador o hereje en caso de no hacerlo.

Dóxa: Apariencia, opinión **subjetiva**. El **término** proviene de la Grecia clásica. Se contrapone a la *epistéme* o **conocimiento**. Puede haber opinión verdadera (*dóxa alethés*) pero es inferior a la *epistéme* porque aquella no está vinculada (lógicamente) a otras opiniones o porque se ignoran las **causas** del **hecho** que se afirma en la opinión, y por tanto, es casual que la opinión sea verdadera y no constituye una herramienta para nuevos casos semejantes (**Platón**, *Menón* 97c).

Dualismo (siglo XVIII): Postura que afirmó que en el origen de la existencia hay dos sustancias, una material y otra espiritual. Uno de los representantes del D es **Descartes**. Algunas religiones (por ejemplo, el maniqueísmo) tienen una postura dualista, al dividir todo lo que existe entre dos principios, el bien y el mal. En general, pertenece al D cualquier **doctrina** que postule dos y sólo dos elementos, principios explicativos o **clases** de **entidades**. Opuesto: **monismo, pluralismo**.

Duda metódica: Ver **método cartesiano** y **Descartes, René**.

El búho de Minerva levanta su vuelo al ocaso (Georg W. Hegel): Según **Hegel**, la **filosofía** es el momento en que el espíritu alcanza su más alta conciencia o **espíritu absoluto**. Por eso, la filosofía nunca puede ir más allá de su propia época: siempre llega después de los acontecimientos históricos. Es por ello que Minerva -diosa de la sabiduría- "levanta su vuelo al ocaso": se conoce y se comprende algo solamente después de que sucedió, nunca antes.

E

El contrato social (Jean J. Rousseau, 1762): Rousseau abandonó la idea de un hombre malo de **Hobbes**, y el individualismo de **Locke**, para hablar de **"voluntad general"**, que buscaba achicar las desigualdades de su país. Rousseau vio a un hombre naturalmente bueno, pero que se pervierte cuando entra en la sociedad a través del **contrato social**. Para él, la sociedad supera la simple suma de **individuos** para formar una realidad propia. El egoísmo y la guerra pertenecen a la sociedad y no al **estado de naturaleza**. Una sociedad como la francesa, basada en las desigualdades sociales, era contraria a la naturaleza humana y a la libertad. La sociedad no surge de un contrato basado en los intereses individuales, sino que es un vínculo entre **ciudadanos**. El hombre nace libre (estado de naturaleza) pero vive encadenado (**sociedad**), porque es en la sociedad donde aparece la **propiedad**, que es el origen de todos los males. Esta idea hace que Rousseau sea el teórico burgués más polémico para la propia **burguesía**. Los derechos a la libertad, la igualdad y la propiedad no son naturales -como en Locke- sino derechos de los ciudadanos. Su objetivo era subordinar los intereses particulares a la voluntad general, en una sociedad más solidaria. La única obediencia legítima –según Rousseau- es a las leyes que surgen de esa voluntad general, perteneciendo la **soberanía** al pueblo como cuerpo social. Su teoría representaba a la burguesía frente a la **aristocracia**, pero con una idea más democrática que la de Locke -que era más elitista- ya que para éste la democracia sólo era para los propietarios.

El hombre unidimensional (Herbert **Marcuse, 1964**)**:** Obra en la que este autor analiza cómo los seres humanos están atrapados por la dominación ideológica y por eso se ven completamente imposibilitados de transformar el mundo.

El imperio de lo efímero (Gilles Lipovetsky, **1990**)**:** En esta obra, el filósofo posmoderno G. Lipovetsky plantea dar a lo poco duradero un valor positivo, como principio organizativo de la vida colectiva, como "moda plena", como remodelación de la **sociedad** a su imagen.

Empírico: Referente a la **experiencia** sensible o a los hechos.

Empiriocriticismo (Richard Avenarius y Ernest Mach): Doctrina filosófica alemana, de tendencia **idealista**, que rechaza la **introspección** psicológica y concibe a la **experien**cia como dependencia del **individuo** del medio en el que se desenvuelve. De este modo, el **objeto** se identifica con la percepción sensorial. Todo lo que va más allá de la experiencia directa es **metafísico**, no es un **co**nocimiento real ni científico.

Empirismo: (Del griego *empeiría* = experiencia). Posición que afirma que todo **conocimiento** debe fundamentarse en la **experiencia** (*a posteriori*) y se deriva de los **hechos**. Los supuestos básicos del E son: que la **ciencia** comienza con el **método inductivo**, es decir con la **observación**, que proporciona una base segura a partir de la cual se puede derivar el conocimiento. Cuando la **empiria** es analizada teóricamente, se convierte en científica. El E se inició con Francis **Bacon** y Thomas **Hobbes**, siendo luego continuado por el **positivismo** y el **neopositivismo**. Son exponentes importantes del E, además de los mencionados, **Locke**, **Berkeley** y **Hume** (**E inglés**). El saber, para el E, es un auxiliar de la acción práctica; el conocimiento no tiene una base racional, pero es válido porque es útil para la supervivencia. El E entiende a la conciencia como una hoja en blanco o *tabula rasa*, donde no existen ideas innatas. Esa hoja sólo es llenada de contenido por los **datos** de la experiencia. De este modo, para el E el pensamiento es un conjunto de sensaciones transformadas. Por ello, se maneja con proposiciones **sintéticas**. Opuesto: **racionalismo** e **innatismo**.

Empirismo inglés (Inglaterra, siglos XVII-XVIII): Empirismo moderno cuyas figuras centrales son **Locke, Berkeley** y **Hume**. Estos autores sostenían que todo el **conocimiento** se inicia en la **experiencia** y debe fundarse en ella. Desarrollaron sus ideas en un marco conceptual **cartesiano**. Su preocupación central no era la fundamentación de las **ciencias naturales** sino la de abordar cuestiones morales.

Enajenación: Ver **alienación**.

Enciclopedia (Denis Diderot y Jean-Baptiste D´ Alembert, 1751-1772): La más importante de las obras de la **Ilustración**, llamada también "Diccionario razonado de las ciencias, las artes y los oficios". Estaba formada por veintiocho tomos y en ella escribieron **Voltaire, Montesquieu** y **Rousseau**. Contó con una fuerte resistencia de los grupos más **conservadores**, especialmente los jesuitas. Tuvo una influencia decisiva en la **Revolución Francesa**.

Engels, Friedrich (1820-1895): Filósofo y político alemán, el más importante colaborador de Karl **Marx**, con quien redactó el *Manifiesto del Partido Comunista* (1848) y *La ideología alemana* (1846), entre otras obras. Desarrolló el **materialismo histórico** y el **socialismo científico**, y estableció las bases de la **dialéctica materialista**. Fue uno de los fundadores de la **Segunda Internacional**. Escribió también *La situación de la clase obrera en Inglaterra* (1845) y *El origen de la familia, de la propiedad privada y del Estado* (1884). También publicó el segundo y tercer tomos de *El Capital*, de Marx, tras la muerte de éste.

Ensayo sobre el entendimiento humano **(John Locke, 1690):** Una de las obras cumbre del pensamiento **empirista** y del **método inductivo**. Allí, **Locke** sostenía que las **ideas** no son innatas (contrariamente a lo que decía **Descartes**). La mente es una **tabla rasa** en la que, experiencialmente, se inscriben las ideas a través de las impresiones sensoriales. Así, para Locke el papel de la **razón** es pasivo: el aumento del **conocimiento** provendrá de la ampliación de las **experiencias** sensoriales.

Ente: Cosa, **entidad**.

Entelequia (Aristóteles): La actualidad del **ser**, perfección, acto cumplido o realización plena de las potencialidades de un ser. Dícese también de aquella cosa, situación o persona imaginaria, fantástica, que no existe en la realidad.

Entendimiento: En **Platón** y **Aristóteles**, **razón instrumental**, opuesta a la **razón** propiamente dicha. **Kant** define al E como la cualidad del espíritu que permite organizar los materiales que le proporciona la percepción sensible. Capacidad humana de penetrar en las cosas sensibles y abstraer de ellas el **universal**, representándolo en forma de **concepto**. Para **Hegel** -a diferencia de Kant- el saber del E es una forma inferior de **conocimiento**, ya que aísla las cosas planteando "o es esto o es aquello" y –de ese modo- acepta las cosas tal como se las ve a simple vista. Opuesto: razón.

Entidad: Algo que existe. Sinónimo: **ente.**

Epicúreos (Grecia, siglo III a.C.): Corriente **materialista** de la **filosofía** griega antigua cuyo iniciador fue **Epicuro.** Influidos por el **atomismo** de **Demócrito,** los E sostenían que la sabiduría se basa en la evidencia de los sentidos -libre de las creencias sobrenaturales- y que el placer puro -no el de los sentidos- es el bien supremo. Se diferencian de los **estoicos** en que los E no creían en el destino ni en otras ideas **deterministas.**

Epicuro (341-270 a.C.): Filósofo **materialista** griego, sucesor de **Demócrito** y fundador de la escuela filosófica de los **epicúreos** (ver).

Epistéme: (Del griego antiguo, "conocimiento"). Realidad, **verdad, conocimiento** racional, **objetivo** y universal. Opuesto: *dóxa.*

Epistéme (Michel Foucault): Manera en que son legitimados ciertos **saberes** en un momento dado, todo lo que un determinado tiempo y **sociedad** reconoce como un saber sólido y fiable. También se la puede definir como la **estructura** subyacente que enmarca el campo de **conocimiento** y brinda el lugar desde donde el hombre conoce. **Foucault** reconoce tres E centrales: clásica, renacentista y moderna.

Epistemología: Desde un punto de vista amplio, la E equivale a la **gnoseología** o **teoría del conocimiento,** disciplina que busca explicar todo el **conocimiento** humano. En un sentido más restringido, se llama E a la parte de la **Filosofía** que estudia en forma crítica a la **ciencia** y al **conocimiento científico** propiamente dichos. Se dice que es una metaciencia o la "ciencia que estudia a la ciencia", o cómo se producen, estructuran y validan los conocimientos científicos. Uno de sus impulsores principales ha sido Gastón **Bachelard.** Las principales corrientes de la E son el **positivismo lógico** (**Carnap, Hempel**), el **falsacionismo** (**Popper,**

Lakatos) y la **nueva filosofía de la ciencia** (**Kuhn, Feyerabend**). En el campo de la **Psicología** se destaca la **E genética** de J. **Piaget**.

Escépticos (Grecia, siglo III a.C.): Corriente de la **Filosofía** griega antigua. Pueden distinguirse dos escuelas: el escepticismo pirrónico, fundado por Pirrón de Elis y el escepticismo académico (de los miembros de la **Academia**). El primero negaba la posibilidad del **conocimiento**. El segundo recurría a la duda como punto de partida de sus análisis y no negaba la posibilidad del conocimiento o del acceso a la **verdad**, sino que se abstenía de juzgar incluso esto; planteando que suspender el juicio trae paz espiritual, especialmente sobre las valoraciones morales. Se destacaron también Antístenes, Diógenes, Epiménides y Sexto Empírico.

Escolástica (siglos VII-XIV): Doctrina medieval que sostuvo que el acceso al saber se debe realizar a través de textos considerados sagrados (**Aristóteles** y la **Biblia**), combinación de la **razón** y la fe. Sólo hay que leer e interpretar la **verdad** que ya está dada en esos textos, basándose en la **dialéctica** y el **silogismo**. Aunque se origina cuatro siglos antes, es en el siglo XI cuando se consolida. Los grandes nombres de la E cristiana son, entre otros, Pedro Abelardo, **Santo Tomás** y Guillermo de **Ockham**. La E fue la forma predominante de **conocimiento** en la **Edad Media feudal**, adoptada tardíamente como **filosofía** oficial del **catolicismo** en 1879. También hay una E árabe (**Averroes**) y una E judía (**Maimónides**).

Escorzo: Cada parte de una totalidad o cada uno de los puntos de vista posibles frente a un **fenómeno**.

Escuela crítica (Alemania, 1923-1981): Corriente filosófica con elementos del **psicoanálisis**, el **marxismo y el existencialismo**, también conocida como la "**Escuela de Frankfurt**". Surgida tras la derrota de la **revolución socialista** en Europa Occidental y el triunfo del **fascismo**, la EC estudia temas tales como la **ideología**, el **autoritarismo**, las luchas e intereses de las **clases sociales**, la influencia de los intereses económicos y políticos, la alienación del hombre moderno en el marco de la **sociedad** consumista e hipertecnológica, el papel de los **medios de comunicación de masas**, la **industria cultural**, la falsa **neutralidad** de la **ciencia**, entre otros. Fundada por Max **Horkheimer**, entre sus representantes encontramos también a Theodor **Adorno**, Walter Benjamin, Herbert **Marcuse** y Jürgen **Habermas**.

Escuela de Frankfurt: Ver **Escuela crítica**.

Esencia: Lo que una cosa es, lo invariable o permanente, el contenido interno de un **objeto** (si un objeto deja de tener sus propiedades esenciales deja de ser lo que es). Lo esencial se opone a lo accidental. En **Aristóteles, sustancia.**

Esencialismo: Postura filosófica sostenida entre otros por **Aristóteles,** que plantea que cada cosa tiene una **esencia,** que hace que sea una cosa determinada y no otra. Refiere también a la idea de que palabra y **objeto** se encuentran unidos por una relación esencial inmodificable.

Especulación: Estudio teórico y contemplativo, sin consecuencias prácticas.

Espíritu absoluto (Georg W. Hegel): Yo de la Humanidad existente en sí, es decir, que no surge de otra cosa. En el EA se realiza la unidad efectiva (**síntesis**) entre la conciencia (**espíritu subjetivo o tesis**) y el mundo (**espíritu objetivo o antítesis**). El EA no es un "yo" sino un "nosotros" en el que lo individual se une a lo colectivo. El EA es la **Idea** que se desarrolla en la **historia,** a través de los distintos **pueblos,** recorriendo distintas figuras: a) espíritu inmediato: corresponde al mundo antiguo (Grecia y **Roma**), b) espíritu extrañado: corresponde al mundo medieval y moderno (hasta la **Revolución Francesa**) y, c) espíritu cierto de sí: corresponde al mundo contemporáneo de **Hegel.** El EA abarca el arte, la **religión** y la **filosofía.** La filosofía es el momento culminante, en el que el espíritu alcanza la más alta conciencia de sí.

Espíritu objetivo (Georg W. Hegel): El mundo, la realidad histórica concreta, formada por las **instituciones** sociales, culturales, políticas, económicas, etc. Desde el punto de vista del **sujeto,** este mundo se presenta como algo ajeno a él.

Espíritu subjetivo (Georg W. Hegel): La conciencia o espíritu individual, sometido a las condiciones naturales, y ligado a los impulsos. Este espíritu abandona la sujeción a lo natural cuando comienza a reflexionar, a tomar conciencia de sí.

Estado de cosas: Las cosas según la situación o realidad en la que se encuentran, el conjunto de los hechos o **fenómenos.**

Estado de naturaleza (contractualismo): Situación pre-política, donde los **individuos** no se guían por **leyes** ni autoridades comunes. Según cada autor, el EN puede ser de **guerra de todos contra todos** (**Hobbes**), de paz (**Locke**) o de soledad (**Rousseau**). El EN expira cuando los **individuos** acuerdan entre sí para constituir la **sociedad** a partir de un **contrato social**.

Estoicos (Grecia, siglo IV a.C. - Roma, siglo II d. C.): Corriente de la **Filosofía** griega antigua, que sostenía que ni la muerte ni el dolor deben alterar al hombre. Zenón de Citio, su fundador, enfatizó en la libertad individual interior del hombre, y en la felicidad de vivir en armonía con la naturaleza, es decir, con la **razón**, que es la **ley** del universo. En cuanto está regida por la razón la naturaleza es justa y por lo tanto es justo someterse a sus designios. El hombre debe aceptar todo, con indiferencia al placer y al dolor, pero debe fomentar la fraternidad, la generosidad, la bondad y la racionalidad, desoyendo a las pasiones y aceptando el propio destino. Además de crear una **ética** que llegó a ser una **religión**, los E estudiaron la **semiótica** y la **retórica** y sentaron las bases de la **lógica formal** proposicional. Se destacan también Crisipo (E antiguo), Séneca, Marco Aurelio y Epícteto (E nuevo).

Eterno retorno (Friedrich Nietzsche): Categoría presente en *La voluntad de poder* y esbozada anteriormente en *Así habló Zaratustra*, el ER "de lo mismo" es un concepto originado en los **estoicos** que significa que no existe un principio o fin de las cosas, sino que la vida es un círculo donde todo se renueva y comienza infinitamente, en un estado de **devenir** y de permanente insatisfacción humana. La voluntad de poder es la voluntad del regreso eterno de todo, sea bueno o malo.

Ética: (Del griego *ethos*, que significa "carácter"). Parte de la **filosofía** que trata de determinar el **sentido** y las **normas** del obrar del hombre. La tarea de la E es investigar cuál es la **causa** social por la cual determinados sentimientos, acciones y **conocimientos** se consideran buenos o valiosos. De todos modos, algunos autores establecen una clara delimitación entre E y **moral**: la E refiere, según esta visión, a un deber que un **individuo** se impone a sí mismo. La moral, en cambio, alude a la presión social por imponer determinados **valores** y **costumbres** a los **individuos**.

Eudaimonismo: Doctrina que plantea que la felicidad es el bien supremo. El E se inicia en **Aristóteles**, el **hedonismo** y los **epicúreos**, y es el principio esencial del **utilitarismo**.

Existencialismo (1845 →): Filosofía fundada por el filósofo dinamarqués Sören **Kierkegaard**. El E plantea que la existencia del hombre está dominada por la **angustia** de la existencia individual y la tensión de elegir un camino propio en la vida. Ya en el siglo XX, se considera representantes del E a Karl **Jaspers**, Martin **Heidegger**, Jean-Paul **Sartre** y Albert Camus.

Extrañación: Ver **alienación.**

Extrañamiento: Ver **alienación.**

F

Fatalismo: Postura filosófico-religiosa que sostiene la inevitabilidad de todos los acontecimientos, sin posibilidad de modificarlos. El F se basa en la idea de un destino humano que no se puede cambiar. Esta postura influyó en los **estoicos.**

Fenomenalismo: Postura **gnoseológica** que plantea que los **enunciados elementales** o **cláusulas protocolarias** registran las **experiencias** inmediatas del **sujeto.** De este modo, sólo podemos acceder al **conocimiento** de la apariencia de las cosas (**fenómenos**) pero no a la **cosa en sí.**

Fenomenismo: Ver **fenomenología.**

Fenómeno: (Del griego *fainómenon* = lo que se muestra o aparece). Todo lo que aparece o se manifiesta a través de la **experiencia.** Forma externa de la **esencia** (ver F en **Kant**). A veces se lo define como todo **hecho** que puede ser observado.

Fenómeno (Immanuel Kant): Mundo exterior accesible a las sensaciones físicas. Lo que aparece o se manifiesta, la aplicación de las categorías del pensar a los datos sensibles. Se contrapone al **noúmeno** o **cosa en sí.**

Fenomenología (Edmund Husserl, 1913 →): Es el nombre que **Husserl** le dio a su **filosofía** y que heredó a los seguidores de su **método.** Husserl quiso hacer de la filosofía una **ciencia** estricta cuyas **teorías** estuvieran objetivamente fundadas, lo que supone criterios **objetivos** de **validez** que excluyeran a las meras opiniones o puntos de vista privados. Este ideal se remonta a la Grecia antigua y sobre todo a **Descartes:** la filosofía debía tener un fundamento absoluto (que no necesita él mismo de justificación porque es auto-evidente) y sería el fundamento de todas las ciencias (que siempre construyen a partir de algunos supuestos no justificados). La F criticó al psicologismo, **doctrina** que pretendía también dar cuenta de todas las ciencias a partir de una disciplina general: la **Psicología** (para este tema ver **Husserl, Edmund**). La F es ante todo un método muy complejo del que sólo nos detendremos en la primera de sus reglas, que está inspirada en la **duda metódica cartesiana** (ver): la *epojé* o reducción trascendental consiste en "poner el mundo natural entre paréntesis", es decir, abstener el juicio sobre la existencia de cosas y quedarse sólo con el **fenómeno** o la vivencia. Por ejemplo, estoy mirando una plaza y tengo una serie de prejuicios, creo que esas manchas en movimiento son niños, que las hamacas son de madera y las cadenas de metal, que yo soy un hombre parado en la plaza y que alguna vez fui un niño, etc. La *epojé* consiste en tomar sólo las imágenes de lo que creo ver, cada detalle, pero no dar por sentado que estoy parado en una plaza, ni que tengo pies que pisan el pasto y ojos que ven ni que aquello son niños que nacieron y crecerán. Porque creo todo aquello sin saberlo de manera estrictamente justificada y en cambio la imagen de la plaza y de mi propio cuerpo como imagen, como contenido de **conciencia** en el presente inmediato, es indubitable. No se ha perdido el mundo sino que sigue ahí como espectáculo, yo no participo de él (este yo espectador es incapaz de participar porque no es un hombre sino una pura recepción de **datos** o **ideas**) ya que toda mi interioridad psíquica también es parte del espectáculo. Se llama intencionalidad a esta relación entre la conciencia despojada, pura captación y el mundo entendido como todo lo que capta una conciencia. Estrictamente no es una relación entre dos cosas independientes porque no puede entenderse una sin la otra, la intencionalidad es la conciencia misma que siempre es conciencia *de* algo. Para Husserl el fenómeno (el objeto intencionado por la conciencia) es el **noúmeno**, la cosa real independiente. La plaza -fenómeno frente a mi conciencia-

es la misma que mira cada uno de los niños. Esto significa una ruptura con la concepción de **Kant**. La conciencia es absoluta no en un sentido epistemológico (no necesita de justificación **ulterior**) sino en sentido **ontológico**: no necesita de ninguna otra cosa para existir, mientras que todo lo demás está necesariamente referido a la conciencia. Se destacan también en esta corriente Martín **Heidegger**, Jean-Paul **Sartre** y Maurice Merleau-Ponty.

Feuerbach, Ludwig (1804-1872): Filósofo **materialista** alemán, proveniente de la **izquierda hegeliana**. Crítico de la **religión** y el **racionalismo**, rompió con el **idealismo** de **Hegel**, cuestionando los "espíritus" de los que éste hablaba. Afirmó que la verdadera libertad y madurez humanas surgen de la ruptura con Dios. Sin embargo, fue criticado por **Marx** por negar las contradicciones materiales sociales y el énfasis en los cambios (**dialéctica**). Entre sus obras principales encontramos a: *Crítica de la filosofía hegeliana* (1839).

Fichte, Johann Gottlieb (1762-1814): Filósofo **idealista** alemán, sucesor de **Kant**, de quien descartó el concepto de **cosa en sí**, dando mayor importancia a la **subjetividad**. Planteó la existencia de un Yo puro o absoluto que crea el mundo o "No-Yo" (idea que encontraremos posterior-

mente en **Hegel**). Entre sus obras principales encontramos a: *Sobre el concepto de la doctrina de la ciencia* (1801).

Filosofía: (Del griego *philos*, "amor" y *sophia*, "saber", es decir, "amor a la sabiduría"). Disciplina que analiza la **esencia**, **causas** y **efectos**, y propiedades de las cosas. Se llamaba F al conjunto de todas las disciplinas teóricas hasta que las **ciencias** se fueron emancipando en cuanto consiguieron establecer un **método** propio y un **objeto** de estudio determinado. Desde entonces la F se ocupa de las cuestiones menos **empíricas** y más generales, como por ejemplo: ¿qué es la F? Su método se caracteriza por la **argumentación** y el diálogo implícito con la tradición o con los contemporáneos que tienen posturas diferentes sobre el mismo problema. Algunas de las ramas de la F son: **ontología**, **epistemología**, **lógica**, **ética**, etc. Históricamente, las escuelas filosóficas más destacadas son: la F de la Grecia clásica, la **patrística**, la **escolástica**, el **racionalismo**, el **empirismo**, el **idealismo**, el **materialismo**, el **positivismo**, la **fenomenología**, el **existencialismo**, el **marxismo** y el **estructuralismo**.

Filosofía de la ciencia (1929 →): Rama de la **Filosofía** que analiza las cuestiones relativas a los objetos estudiados por la **ciencia**, la metodología de la ciencia, el **significado** de las **proposiciones** y la **validez** del **conocimiento científico**, los **problemas** éticos y políticos que plantea la aplicación de los conocimientos científicos y las relaciones de la ciencia con la **sociedad**. Las opiniones están divididas acerca de si el concepto se identifica o no con la **epistemología**, ya que autores como Gregorio **Klimovsky** plantean que la FDC tiene un campo de acción más restringido, vinculada al conocimiento científico en sí. Se llamó FDC a las **teorías** del **Círculo de Viena**, de Karl **Popper**, Imre **Lakatos**, Thomas **Kuhn**, Paul **Feyerabend**, entre muchos otros.

Filosofía de la praxis (Antonio Gramsci): Expresión que usa este autor para definir al **marxismo**, la **filosofía** que pretende no sólo interpretar al mundo (como el **materialismo** y el **idealismo burgueses**) sino transformarlo. Expresa la unidad indivisible entre la **teoría** (el *Homo Sapiens*, el hombre que piensa) y la práctica (el *homo faber*, el homo que hace). La FP se opone a la filosofía del **sentido común**, la filosofía popular pero no porque desprecie a ésta, sino porque toma de ésta los elementos más progresivos para desarrollarlos, combatiendo al mismo tiempo los prejuicios arraigados por una **educación** controlada por la **clase dominante**.

La FP busca hacer consciente la filosofía popular, es decir, llegar a que la **clase obrera** y los explotados en su conjunto tengan **conciencia de clase** (la "**clase para sí**" de **Marx**) y se organicen políticamente para derrocar al **capitalismo**.

Filosofía política: Parte de la **Filosofía** que analiza –entre otras– las cuestiones que preocupan a la **comunidad** en su conjunto, las mejores formas de **gobierno** y la búsqueda de los fundamentos de la **dominación** estatal y la obediencia **política**.

Finalismo: Teleología. Doctrina que sostiene que la naturaleza posee una finalidad. Opuesto: **mecanicismo**.

Forma (Aristóteles): Las determinaciones o propiedades de una cosa. Esta noción se origina en un problema lingüístico (o por no distinguir el plano lingüístico del plano **ontológico**): digo de una persona que es un hombre, que es alto, que tiene 30 años, que es almacenero, etc. ¿De qué cosa digo todo esto? De Alfredo. Pero también digo que se llama Alfredo, y lo que estoy diciendo no es "Alfredo = Alfredo" sino que estoy predicando algo (x se llama Alfredo) de *algo*. De mi vecino. Pero cuando digo que él es mi vecino...Y así sucesivamente. La conclusión es que hay *algo*, diferente de todas las determinaciones, que subyace a todas las determinaciones: aquello que "recibe" las determinaciones, es lo indeterminado. A esto **Aristóteles** le dio el nombre de **materia**, lo opuesto de la F. Y el conjunto de las determinaciones es la F de la cosa.

Forma (Immanuel Kant): Estructura *a priori* de la razón pura. Opuesto: contenido.

Formalismo: Denominación de la **teoría** del **conocimiento** en **Kant.**

Foucault, Michel (1926-1984): Filósofo francés. Desarrolló estudios en campos diversos como el **poder**, la locura, la sexualidad, las prisiones (la **sociedad** se basa en el **modelo** carcelario del **panóptico**), etc, introduciendo conceptos novedosos en áreas como la **Ciencia Política** y la **Historia.** Influido por **Nietzsche**, sostuvo que la **verdad** no existe, sino que es definida en cada época, estableciendo un **discurso** dominante que produce ciertos **saberes** y ciertas relaciones de poder, las cuales permiten pasar del castigo a la vigilancia, de ésta a la **disciplina** y finalmente a la auto-disciplina. Aunque se lo ubica dentro del **estructuralismo** por el énfasis que pone en subordinar al **individuo** a las determinaciones de las "redes del poder", su énfasis en el desarrollo histórico de esas redes y relaciones invitan a ser más cautos. Sí es claro su distanciamiento del **humanismo** de **Sartre:** Foucault no ve como éste la posibilidad de que el individuo pueda liberarse de las cadenas que lo atan; puede resistir, sí, pero la resistencia también está prevista por el **sistema** de **dominación.** El acento de su teoría no está en el hombre sino en las cosas que lo oprimen y condicionan. Entre sus obras principales encontramos a: *Vigilar y castigar. El nacimiento de la prisión* (1965), *Las palabras y las cosas* (1966), *La verdad y las formas jurídicas* (1976) y *La microfísica del poder* (1978).

Frege, Gottlob (1848-1925): Matemático y filósofo alemán, fue uno de los fundadores de la **lógica de predicados** de primer orden y de órdenes superiores. Quiso demostrar que la matemática puede deducirse de la **lógica** (a esta idea se la llama "logicismo"), para lo cual diseñó un **sistema** monumental pero que resultó ser inconsistente. Además fue el iniciador de la disciplina que se conoce como Filosofía del lenguaje. Negó la existencia de los **juicios sintéticos *a priori*** de tipo matemático, de los que hablara **Kant.** Influyó en B. **Russell**, R. **Carnap**, L. **Wittgenstein** y E. **Husserl.** Entre sus obras principales encontramos a: *Los fundamentos de la aritmética* (1884).

Fundacionismo: Se denomina F a la pretensión de que todo un **sistema** de creencias esté justificado por algunas de ellas, las cuales son consideradas incuestionables. Son ejemplo de F las ***Meditaciones Metafísicas*** de **Descartes** y el proyecto del **verificacionismo.**

G

Gadamer, Georg (1900-2002): Filósofo alemán, referente de la **hermenéutica** filosófica. Entre sus obras principales encontramos a: ***Verdad y método*** (1960).

Gnoseología: (Del griego *gnosis* = conocimiento). **Teoría del conocimiento,** disciplina filosófica dedicada a dilucidar lo que el **conocimiento** es propiamente en cuanto relación peculiar de un **sujeto** con un **objeto.** Se ocupa de qué es el conocimiento, pero no exclusivamente del **conocimiento científico,** como es el caso de la **epistemología.**

Gnóstico: Dícese del que pretende lograr el saber absoluto. Opuesto: **agnóstico.**

H

Habermas, Jürgen (1929 →): Filósofo y sociólogo alemán, discípulo de T. Adorno y heredero del pensamiento de la **Escuela crítica**, aunque con una postura más optimista. Negó la **neutralidad** de la **ciencia**, criticando la **racionalidad instrumental positivista**, y desarrolló la **teoría de la acción comunicativa**, con la que aspiraba a liberar al hombre realizando la aspiración incumplida de la **Modernidad** ilustrada, en base al desarrollo de la **intersubjetividad** y la libre discusión racional, a la que observa como perfectamente lúcida. Entre sus obras principales encontramos a: *Teoría de la acción comunicativa* (1981).

Hecho: Todo lo que ocurre, pueda o no observarse (lo que lo diferencia del **fenómeno**).

Hegel, Georg Wilhelm Friedrich (1770-1831): Filósofo idealista alemán. Además de tomar elementos de **Kant**, el **idealismo** poskantiano, el **cristianismo** y el **romanticismo** alemán, la **Revolución Francesa** ejerció una profunda influencia en el pensamiento de H, quien consideraba que ese acontecimiento histórico representaba el **poder** de la **razón** para operar sobre la realidad ("**todo lo real es racional**"). El desarrollo humano, según H, había evolucionado dialécticamente, pasando por diversas etapas (**despotismo oriental, esclavismo, servidumbre, Sacro Imperio Romano Germánico, monarquía**, Revolución Francesa, etc) hasta alcanzar su punto cumbre en el **Estado** prusiano, momento en que la Humanidad habría alcanzado la libertad absoluta. Desde lo filosófico, H se opone a pensar las cosas desde su finalidad o en relación con sus límites (rechaza, en ese sentido, el **noúmeno** o **cosa en sí** de Kant) y afirma que todo lo existente puede ser conocido a través de la razón. La posición hegeliana sobre las cosas es pensarlas como desarrollo, como **proceso** de desenvolvimiento de lo universal (por ejemplo, el Estado, la **Idea** social absoluta) y superación de lo particular (por ejemplo, la **familia**). El **concepto** tiene por objeto la noción que H llama idea, que es la unidad del concepto y la **objetividad**. Los objetos dados por la realidad son llevados por el **sujeto** a ser determinaciones del concepto: la mente construye la realidad. Entre sus análisis centrales, se cuenta el desarrollo de la **dialéctica**, donde la **tesis** es el momento de lo inmediato o **espíritu subjetivo**, la **antítesis** es el momento de la **alineación**, perturbación o **espíritu objetivo** y la **síntesis** es el momento de la mediación dialéctica o **espíritu absolu-**

to, la totalidad única y superior, la Idea absoluta. La dialéctica en H se manifiesta en las contradicciones entre las ideas. Será el **marxismo** el que desarrolle "poniendo a Hegel patas arriba", una dialéctica **materialista**. Entre sus obras principales encontramos a: *La fenomenología del espíritu* (1807).

Hegelianismo: Tendencias seguidoras del pensamiento de **Hegel**. Mientras que los hegelianos ortodoxos –Gabler, Gans y otros- adoptaron su pensamiento en forma integral, los hegelianos de **izquierda** –especialmente K. **Marx**- rescataron del H la **dialéctica**, desechando el **idealismo**.

Heidegger, Martín (1889-1976): Filósofo alemán. Influido por el neokantismo de E. **Husserl** y por el **existencialismo** de S. **Kierkegaard** y K. **Jaspers**, planteó que la angustia le revela al hombre que su verdadero **ser** es la nada. Entre sus obras principales encontramos a: *El ser y el tiempo* (1927).

Heráclito (544-480 a.C.): Filósofo griego **presocrático**, pensador del cambio permanente de la naturaleza, base de la **dialéctica**. Al mundo pacífico y armónico de **Pitágoras** y al ser único e inmóvil de Parménides, H opuso su idea de que "el conflicto es el padre de todas las cosas",

pues es de la colisión de los opuestos de donde surge la diversidad.

Hermenéutica (siglo XIX →): (Del griego *hermeneutiké*, que significa "interpretación"). **Ciencia** o arte de la interpretación y la **comprensión** del **sentido** de las cosas. Originalmente la H viene del arte de interpretar los **signos** que dominaban los oráculos, pero también se ha desarrollado en lo referente a la interpretación de textos incompletos o confusos, y en **ciencias sociales** se la ha utilizado como un acercamiento a la **acción social**, por ejemplo en Max **Weber**, quien la buscaba entender a través de la **conducta subjetiva** socialmente significativa. Wilhelm **Dilthey**, por su parte, definía a la H como "la **doctrina** del arte de comprender las manifestaciones de la vida". Según este autor, la H permite comprender a un autor y a una época mejor de lo que el autor mismo lo haría. Con matices, también han sido partidarios de la H M. **Heidegger**, Paul Ricoeur, J. **Habermas** y Hans-Georg Gadamer.

Heurística: (Del griego *heurískein* = buscar, indagar y de *heurisco* = encontrar, inventar). Arte de resolver problemas, promover la **investigación**, el descubrimiento y la inventiva con el fin de llegar al **conocimiento**. Se lo llama también *ars inveniendi*.

Hipótesis: (Del griego *hypothesis* = principio, supuesto). **Enunciado** que se propone como base para explicar por qué o cómo se produce un **fenómeno**.

Hipótesis del genio maligno (René Descartes): Hipótesis planteada por **Descartes**, donde un ser todopoderoso nos ha construido de tal forma que siempre pensamos equivocadamente tomando por verdadero lo falso. Sirve para demostrar que de lo único que podemos estar seguros es de nuestra propia existencia, ya que estamos pensando: **"pienso, luego existo"**, porque si fuera cierto que existe un genio engañador que nos hace cometer errores incluso cuando creemos que 2 + 2 = 4, no puede engañarme sobre mi propia existencia, ya que si *me* engaña, existo.

Hobbes, Thomas (1588-1679): Filósofo **empirista** inglés y uno de los más importantes representantes del **contractualismo**. H fue testigo de la **revolución de Cromwell** a mediados del siglo XVII, y del regicidio de **Carlos I**. Sus objetivos se orientaban a evitar la **guerra civil** –como objetivo estratégico- y defender la **monarquía absoluta** –como instrumento-. Para H, el **estado de naturaleza** es un estado pre-político, anti-social y egoísta, con un hombre guiado por su instinto de conservación, lo que lo lleva a una **guerra de todos contra todos.** El **contrato social** se firma para salir de ese estado de sumo peligro y por su intermedio los hombres delegan todos sus derechos en el **Estado** (el "**leviatán**"), quien se encargará a partir de entonces del orden y tendrá la **soberanía** o autoridad única e indiscutible. H -en su argumentación a favor del **despotismo** monárquico- eliminó todo rastro de pensamiento religioso y no tomó en cuenta elementos económicos. Consideró a lo político como el ámbito del **poder** y el orden, en contraposición al estado de naturaleza, identificado con la **anarquía** y el caos. En el plano filosófico, H se basaba en una concepción **determinista** y **mecanicista** de la **ciencia**, planteando la elaboración de un **modelo** mecánico del universo, centrado en el movimiento y la **geometría euclidiana**. En su **teoría**, los propios **individuos** que determinan mecánicamente a la **sociedad civil**, están a su vez mecánicamente determinados. Obra fundamental: "Leviatán" (1651).

Hume, David (1711-1776): Filósofo, historiador y psicólogo británico, figura clave del **empirismo**. Sostuvo que el hombre al nacer es como una página en blanco o **tabla rasa** que la **experiencia** va llenando. Las **ideas** surgen a partir de los sentidos y de las percepciones psicológicas. Las impresiones son las percepciones que se reciben directamente; pueden ser de sensación (sonidos, colores, etc.) o de reflexión (placer, dolor, tristeza, etc) mientras que las ideas son percepciones derivadas, copias de las impresiones (por ejemplo, los hechos de la fantasía o la memoria). Las ideas derivan de las impresiones y no representan a los **objetos** sino a éstas: no vemos ni tocamos a la silla en sí misma sino a sus cualidades sensibles (forma, dureza, color, etc), las cuales pueden ir variando. La silla es una colección constante de ideas simples, como "liso", "duro", "marrón", conjunto al que llamamos "silla", planteo que posteriormente fue la base del **asociacionismo** en **Psicología**. En este sentido, H estableció tres **leyes de asociación: ley de semejanza, ley de contigüidad y ley de causa-efecto**. Quizás su mayor aporte fue el análisis impecable que hizo de la causalidad y del **problema de la inducción**. Entre sus obras principales encontramos a: *Tratado sobre la naturaleza humana* (1739).

Husserl, Edmund (1859-1938): Filósofo y matemático alemán, fundador de la **fenomenología** y crítico del **empirismo**, el psicologismo y el relativismo. El psicologismo pretendía garantizar la validez de todas las **ciencias** a partir de una disciplina general: la **Psicología**. Así, explicaba las leyes lógicas y los **teoremas** matemáticos a partir de las respectivas operaciones mentales de los hombres. El **principio de no contradicción**, por ejemplo, tendría su fundamento en la enorme dificultad que tienen las personas para creer que p y que no p pueden existir al mismo tiempo. H contra-argumentó: la **ley lógica** dice que es absolutamente imposible que una **proposición** sea falsa y verdadera a la vez y la respectiva ley psicológica no puede ser el fundamento de semejante imposibilidad cuando ella misma se funda en una **inducción** a partir de un número finito de casos, mientras que la ley de no contradicción se refiere a un número infinito de casos. La inducción necesitaba una justificación que no fuera otro **razonamiento inductivo** (ver **problema de la inducción**). El error del psicologismo fue tomar a los teoremas matemáticos y lógicos por entes naturales cuando son en realidad intemporales y su justificación es *a priori* (la geometría no estudia éste o aquel triángulo que podemos dibujar sino un único triángulo ideal con propiedades no sujetas al cambio). H también criticó al **cartesianismo**, cuyo ideal eran las matemáticas y en especial su **método deductivo**, porque también las **ciencias formales** tendrían supuestos no justificados (el cartesianismo tendría pretensiones de justificación absoluta, ver **fenomenología**). Planteó por otra parte que lo que distingue a la **conciencia** es la intencionalidad y la capacidad humana de significar y dotar de **sentido** a las cosas. Entre sus obras principales encontramos a: *Ideas para una fenomenología pura y una filosofía fenomenológica* (1913).

I

Idea (Platón): La I, también llamada *forma*, es un **objeto** de intelección, de captación intelectual, y no de percepción **sensible**. Las I son eternas, inmutables y **objetivas**, son el único objeto de **conocimiento**. La I es lo que es común en una multiplicidad, por ejemplo, tengo una multiplicidad de cosas hermosas (una mujer, un cuadro, un libro, el teorema de Pitágoras) y lo que tienen en común es la belleza en sí, lo que me permite clasificarlos y reconocer que son bellos y lo que le permite a cualquier otra persona, con gustos diferentes, clasificar sus propios objetos bellos. La **ciencia**, dice **Platón**, se ocupa de las I porque se ocupa de lo general y no de lo particular. Platón sostenía que las I eran lo único real y que el mundo sensible era una ilusión o confusión sin **realidad** (se llamó **realismo** a esta postura).

Idea (René Descartes): Las I en **Descartes** son los contenidos de la **conciencia** sin discriminación entre realidad sensible y realidad inteligible. Los sentimientos, percepciones, sensaciones, sueños y pensamientos son I. Este es el **significado** de I en la **Filosofía** moderna.

Idealismo: 1. Se ha llamado I a una **doctrina** que afirma que la realidad no es el espacio temporal sino que es eterna e inmutable (como las **Ideas** de **Platón**) y que lo que creemos que existe como entes materiales son meras ilusiones sin realidad. En este sentido, I es sinónimo de **realismo**. Opuesto: **nominalismo**. **2.** En un sentido **ético** o político se llama idealista a quien actúa guiado por ideales. **3.** Éste es el sentido más frecuente de I, que refiere históricamente a la postura filosófica defendida entre otros por **Descartes, Berkeley** y **Hume** (I moderno), **Kant, Fichte, Schelling** y **Hegel**. Se caracteriza por un horror a los compromisos **ontológicos**, es decir, por una oposición a postular realidades que no fueran el **fenómeno** ante una conciencia, (el *cogito* para Descartes, la **razón pura** para Kant, etc.) ya que para esta concepción, el punto de partida del **conocimiento** es el **yo**, que es el **sujeto** que conoce el **objeto**. En el **sistema** idealista de Kant el "mundo" es la representación que la **conciencia** tiene del **fenómeno** "mundo". Para el I, el conocimiento es posible gracias a determinadas categorías **lógicas** (espacio, tiempo, causalidad), que son innatas en el sujeto humano. No existe nada fuera del sujeto que no pueda ser pensado. Así, Hegel pensaba que los objetos son una proyección de ideas que ya existían incluso antes de que el mundo material existiese. Opuesto: **materialismo**.

Idealismo trascendental (Immanuel Kant): Rechazo de la **teoría** del **conocimiento** que se rige por los **objetos** *a posteriori* (**experiencia** sensible), que –según **Kant**- hace imposible lograr un conocimiento de **validez** necesaria. Kant reclama un conocimiento *a priori* (anterior a toda experiencia) y plantea, entonces, que los objetos tienen que regirse por nuestro conocimiento. Conocer no es reflejar los objetos que estarían dados y constituidos de antemano, sino *elaborarlos*. Se arma el ámbito de la **objetividad** en base a las formas *a priori* dadas por el **sujeto**.

Ideología: El término surgió a fines del siglo XVIII con el filósofo de la **Ilustración** Destutt de Tracy, quien definió a la I como el análisis de las ideas humanas. Desde otro punto de vista, la I puede ser vista como un conjunto sistemático de ideas. En *La ideología alemana* (1846), **Marx** reivindicó el espíritu revolucionario de la **burguesía** francesa, en contraposición a la raíz **conservadora** e **idealista** de la burguesía alemana. Según Marx, la I es una cosmovisión o visión del mundo y de la **sociedad** que enmascara la realidad material –condicionada por un **modo de producción** determinado- y constituye una **falsa conciencia**. La I dominante es la expresión de las ideas de la clase materialmente dominante que se extienden al conjunto de la **sociedad** como las "ideas generales". Algunos ejemplos: en épocas remotas, los ancianos tenían la palabra dominante, ya que se valoraba su experiencia. En muchas sociedades, hubo brujos y hechiceros que "revelaban" los secretos de la naturaleza. Más adelante, la "voz cantante" serán los filósofos, en Grecia, y la **Iglesia**, en la **Edad Media**. Los sacerdotes medievales eran "la" voz de Dios en la Tierra y su palabra era indiscutida: si lo decía el Papa era cierto, y el que se oponía podía ser encerrado o condenado a la hoguera. El hecho de que hubiese un **discurso** y castigos para el desobediente, nos muestra que toda I dominante busca convencer -si es posible- o de lo contrario, reprimir al que no está de acuerdo. Lo importante es que veamos que esta lucha "de ideas" (en la **superestructura**) tiene una raíz material (en la **estructura**). La **Modernidad** y el **capitalismo** también crearon su discurso y su I, desplazando a los Dioses y poniendo en su lugar a la "Diosa" **razón**. De este modo, la **lucha de clases** material se refleja también en el campo de las ideas y las **instituciones**: una **guerra**, una **elección** presidencial, las distintas posiciones políticas de dos diarios, el conflicto entre el **Poder Ejecutivo** y los jueces, son algunos ejemplos visibles de un conflicto no tan visible, que es el conflicto de clases. Louis **Althusser** plantea que la I es una representación de la relación imaginaria (y no de la relación real) de los **individuos** con sus **condiciones reales de existencia**. Sostiene que la I no tiene existencia ideal sino material, e *interpela* a los **individuos** como **sujetos**: los transforma de individuos (libres) en sujetos (no libres, pero que creen ser libres), que realizan ciertas prácticas sin cuestionarse nada, y siendo funcionales al **sistema**. La I niega su carácter ideológico: no dice "los estoy engañando" sino "elijan libremente", garantizando, de este modo, la **dominación** de la **clase** dominante.

Ideología alemana (marxismo): Expresión utilizada por **Marx** y **Engels** para criticar a la **filosofía idealista** de **Hegel** y otros, a los que acusan de subordinar la realidad material al mundo de las ideas. Fue desarrollada en el libro que lleva ese nombre, datado en 1846.

Idola **(Francis Bacon):** (Del latín: "ídolos"). Falsas imágenes o fuentes de error que impiden al hombre conocer la **verdad** del mundo en el que vive. **Bacon** distinguía varios tipos de I: a) los I *tribu*, propios de la **especie** humana como tal, cuya mente imperfecta deforma las imágenes de las cosas y tiene la tendencia a poner orden y uniformidades en las cosas donde en verdad no lo hay, b) los I *specus*, deformaciones o errores propios de la naturaleza psíquica de los **individuos,** c) los I *fori* (es decir, propios del mercado o lugar donde la gente se reúne), referidos al carácter convencional de las palabras, a la creencia en la existencia de cosas ficticias designadas por el lenguaje y, d) los I *theatri*, las sugestiones ejercidas sobre las mentes por los **sistemas** filosóficos que se suceden en el escenario de la historia como fábulas teatrales. Partidario del **empirismo**, Bacon se propone eliminar esas fuentes de error, a través del **método** basado en una exhaustiva recolección de **datos** y su ordenación, para descubrir en ellos conexiones de **causa-efecto**.

Iluminismo: Ver **Ilustración**.

Ilustración (Francia, siglo XVIII): Corriente filosófica y cultural, fuente de inspiración para la **Revolución Francesa**. Los pensadores de la I trataron de demostrar que la **razón** humana llevaría a "iluminar" la oscuridad **medieval** y religiosa (de allí "iluminismo" o "**siglo de las luces**"), llevando a una sola línea de **evolución**, hacia una **sociedad** cada vez más racional, para salir de la ignorancia y la superstición. Estos filósofos también trataron de descubrir **leyes** de la **sociedad**, tal como ya entonces se conocían las leyes naturales. A diferencia de los pensadores del siglo XVII -para quienes la explicación debía partir de la **deducción** estricta y sistemática- los "*philosophes*" construyeron su ideal de **explicación** y **comprensión** según el modelo de las **ciencias naturales** contemporáneas. No se inspiraban tanto en **Descartes** –aunque son herederos de su **racionalismo**- sino principalmente en **Newton**, quien estaba interesado en los **hechos,** en los **datos** de la **experiencia;** sus principios e investigaciones descansaban en ella y en la **observación,** es decir que tenían **base empírica**. Suponían que en el mundo material regían el orden y la ley universales. Las claves de la I pueden encontrarse en las influencias recibidas de los filósofos modernos que los precedieron: **inducción**, autonomía racional, **cientificismo**, anti-clericalismo, **liberalismo, antropocentrismo, humanismo,** progresismo, optimismo. Entre los pensadores de la I se destacan **Voltaire, Rousseau,** Diderot y D´Alembert, creadores de la **Enciclopedia**.

Imperativo categórico (Immanuel Kant): Ley moral o mandato prescriptivo al que la voluntad debe obedecer incondicionalmente y que rige en forma inflexible la **conducta** de los hombres. **Kant** la formuló del siguiente modo: "Actúa de tal manera que creas que la **norma** de tus actos sirva de **ley universal** (como ejemplo para los demás)". En este sentido, la **moral** proviene de la **razón**.

Inmanente: Que reside en el **ser** (ver).

Innatismo: Postura filosófica que afirma la existencia de ideas, principios o nociones innatos, anteriores a todo **conocimiento empírico**. Entre otros, pueden considerarse partidarios del I a **Platón**, a **Descartes** y a **Chomsky**. Opuesto: **empirismo**.

Inteligible: Aquello que puede ser pensado, entendido o comprendido, el aspecto racional de la realidad.

Intencionalidad: Ver **fenomenología**.

Iusnaturalismo: Ver **jusnaturalismo**.

J

Jaspers, Karl (1883-1969): Filósofo **existencialista** alemán, bajo la influencia de S. **Kierkegaard** analizó temas límite como la muerte y el sufrimiento. Se desarrolló también en el campo de la **fenomenología** y la **Psiquiatría**. Entre sus obras principales encontramos a: *Psicopatología General* (1913) y *Filosofía de la existencia* (1938).

Juegos de lenguaje (Ludwig Wittgenstein): Para **Wittgenstein**, el **lenguaje** es un conjunto de juegos lingüísticos con reglas que hay que respetar para que tenga el mismo **sentido**. El **significado** de una palabra depende de su uso en un contexto de sentido o "forma de vida" dados. No se trata de un lenguaje que nos dé significados universales, sino que está vinculado con las prácticas de la **comunidad** que lo utiliza. Este concepto, presente en sus *Investigaciones filosóficas*, representa una ruptura con la obra anterior del autor que había inspirado al **Círculo de Viena**.

Juicio *a priori*: Ver *a priori*.

Juicio *a posteriori*: Ver *a posteriori*.

Juicio analítico (Immanuel Kant): **Enunciado** que no va más allá de los

significados de los **términos**, y que no nos dice nada acerca del mundo real. Por ejemplo, para saber que "Todos los perros son animales" no necesitamos acudir a la realidad para observar perros, ya que -por definición- ser animal es una característica de los perros. Lo único que cuenta es el análisis (de allí "analítico") de los términos, las relaciones de **significación** entre los términos (ver también **enunciado analítico**). Opuesto: **juicio sintético**.

Juicio sintético (Immanuel Kant): **Enunciado** que tiene contenido **fáctico**, ya que va más allá de los **significados** de los **términos**, diciéndonos algo acerca del mundo. Por ejemplo, "La luna gira alrededor de la Tierra" es un juicio de este tipo (ver **enunciado sintético**).

Juicio sintético *a priori* (Immanuel Kant): Enunciado que es **sintético** -porque dice algo acerca del mundo- y es *a priori* -porque se lo puede saber con certeza sin recurrir a la **experiencia** para justificarlo-. Los **empiristas** se oponen a la idea de que existan JSAP. Pero **Kant** dice que la geometría es absolutamente cierta -ya que de ciertos **axiomas** se deducen **teoremas**-, lo es de una manera que no requiere justificación por la **experiencia** y sin embargo habla acerca del mundo **empírico**. Se la justifica por intuición (por ejemplo,

no hace falta dibujar dos puntos y trazar una línea para saber que sólo es posible trazar una línea recta entre dos puntos). La geometría es *a priori* pero nos está diciendo algo acerca del mundo -la **estructura** real del mundo- y por lo tanto usa **juicios sintéticos**. Pero no es *a posteriori* porque -a diferencia de una **ley empírica**- nunca va a suceder que un **dato** real contradiga el **Teorema de Pitágoras**. En la actualidad se advierte el error de Kant: consistía en no darse cuenta de que hay dos tipos de geometría: una matemática y otra física. La primera es **analítica** y *a priori* (**geometría euclidiana**), no dice nada del mundo, es una estructura lógica que relaciona **axiomas** y teoremas. La geometría física, en cambio, se ocupa de la aplicación de la geometría para el mundo. Aquí, un punto es una posición real en un espacio físico. La geometría matemática es *a priori*. La geometría física *a posteriori*. Así, hoy muchos sostienen que la categoría "sintético y *a priori*" es vacía, que no existe de ella ningún caso y que no se puede formular un **enunciado** que combine la certeza lógica con el conocimiento de la estructura geométrica del mundo. Hay, sin embargo, defensores contemporáneos de la **tesis** kantiana de que existen JSAP (por ejemplo, Saul Kripke), aunque no dan los mismos ejemplos: toda la **ciencia fáctica** es *a posteriori*, pero la filosofía no parece serlo y tampoco pretende ser **analítica**. Otros filósofos, como Quine, rechazaron la distinción analítico-sintético. Ver *a priori*.

Jusnaturalismo: Doctrina del **derecho natural**, de base **aristotélico-tomista**. En oposición al **positivismo jurídico**, el J sostiene que hay una conexión intrínseca entre **Derecho** y **moral**. La expresión "derecho natural" tuvo su origen en **Roma**, entendida como un derecho superior al positivo. Más adelante Cicerón apoyó la idea de un orden superior, inmutable, que no puede ser derogado por el **derecho positivo**. El derecho natural **cristiano**, existía ya desde **Justiniano**, pero es **Santo Tomás de Aquino** quien construye el J cristiano o aristotélico-tomista o simplemente tomista. En cuanto al derecho natural **racionalista**, se originó en el **Iluminismo** europeo de los siglos XVII y XVIII, expuesto por filósofos como **Spinoza**, **Pufendorf**, Wolff y **Kant** -aunque tuvo en **Grocio** un antecedente importante- y despojó al derecho natural de cualquier contenido sobrenatural. El **tomismo** parte de la revelación, mientras que el derecho natural racionalista lo hace de la propia naturaleza del hombre.

Justo medio (Aristóteles): Elección intermedia correcta entre dos opciones extremas, propio de la **virtud**.

K

Kant, Immanuel (1724-1804): Filósofo alemán, recibió influencias de la crítica **empirista** de Hume, la **Ilustración** alemana (**Leibniz**), el **protestantismo** y la física de **Newton**. Considerado fundador del **idealismo** alemán criticó, sin embargo, tanto al **racionalismo de Descartes** como al empirismo de Hume, ya que consideraba que ambos son formas del **realismo** y plantean que el **sujeto** que conoce recibe a un **objeto** ya dado, es decir, que el sujeto se limita a reflejar al objeto. **Kant**, por el contrario, sostendrá que el sujeto *elabora* el objeto, debido a que la **experiencia** se apoya en el **yo trascendental**, que es la síntesis *a priori*. De este modo, buscó una postura intermedia entre el empirismo y el racionalismo. Del primero acepta que el **conocimiento** proviene de una experiencia, es decir, que es *a posteriori*. Sin embargo, da un papel muy importante a la mente porque ésta permite incorporar las sensaciones a las **estructuras** mentales, permitiendo un conocimiento *a priori*. De él decía **Lenin**: "Cuando K admite que cierta "**cosa en sí**", fuera de nosotros, debe corresponder a la representación que nos formamos de ella, es **materialista**; cuando declara imposible conocer esta

"cosa en sí", se vuelve idealista."
Sus dos obras claves fueron *Crítica
de la razón pura* (1781) y *Crítica de
la razón práctica* (1788).

Kantismo: Filosofía de **Kant** y del
neokantismo, basada en el **idealismo trascendental** y el criticismo.
Según Kant, el intelecto aprehende
las cosas a partir de las sensaciones físicas, el **fenómeno**, pero nunca puede captar la realidad profunda del mundo exterior, el **noúmeno**,
que es el **objeto** de la **metafísica**
y es indemostrable. La **experiencia**
demuestra que el hombre siente
la necesidad de actuar de acuerdo
con el **imperativo categórico**, en
base a la libertad, la inmortalidad
del alma y Dios.

Kierkegaard, Sören (1813-1855):
Filósofo y clérigo danés, fundador
del **existencialismo**. Negó la racionalidad universal hegeliana y la
lógica científica y describió una
subjetividad orientada a la **ética**, el
individualismo, lo irracional y la **religión**. Entre sus obras principales
encontramos a: *El concepto de la
angustia* (1844).

L

La fenomenología del espíritu (Georg
W. Hegel, 1807): Esta obra de **Hegel**
expone las distintas etapas que la
conciencia va recorriendo desde la
conciencia ingenua hasta el saber
absoluto.

La República (**Platón**): Tratado de
política y **teoría** del **Estado** y la **moral. Platón** lo escribió en forma de
diálogos y en ella defiende la distribución del trabajo, la censura previa
y el **gobierno** de los mejores (en su
opinión, los filósofos).

La voluntad de poder (Friedrich
Nietzsche, 1889): Obra póstuma en
la que el filósofo alemán desarrolla
las nociones de **nihilismo, voluntad
de poder** y **eterno retorno.**

**Leibniz, Gottfried Wilhelm (1646-
1716):** Filósofo y matemático alemán, inventó el cálculo diferencial.
Discrepó con el **concepto** de "sustancia única" de **Spinoza** y postuló
las mónadas o sustancias simples.
Determinista absoluto, afirmó la
completa subordinación del **hombre** a la voluntad de Dios. Entre sus
obras principales encontramos a:
Discursos de metafísica (1686).

Ley de causa-efecto (David Hume):
Una de las tres **leyes de asocia-**

ción, la LCE vincula un **fenómeno** con otro, estableciendo que uno es **causa** del otro, que es su **efecto**. Por ejemplo, cuando pensamos en una persona que corre lo asociamos con la idea de que su corazón latirá más rápido.

Ley de contigüidad (David Hume): Una de las tres **leyes de asociación**, la LC vincula un **fenómeno** con otros que lo rodean. Por ejemplo, cuando pensamos en tres medialunas las asociamos con la idea del café con leche que suele acompañarlas.

Ley de semejanza (David Hume): Una de las tres **leyes de asociación**, la LS vincula un **fenómeno** con otros parecidos. Por ejemplo, cuando pensamos en el diario Clarín, lo asociamos con la idea de otros diarios (La Nación, Página 12, etc).

Leyes de asociación (David Hume): **Leyes** fundamentales del **empirismo** y el **asociacionismo**. **Hume** distingue tres LA: **ley de semejanza, ley de contigüidad** y **ley de causa-efecto** (ver todas estas entradas).

Leyes de la asociación: Ver **leyes de asociación**.

Leyes de la dialéctica: Planteadas por **Hegel** y reformuladas por **Engels** y **Lenin**, las LD son las siguientes: 1) toda cosa es la unión de contrarios (**ley** de la coincidencia de los opuestos), 2) todo cambio se origina en una oposición o contradicción (ley de la **negación de la negación**) y 3) la cantidad y la calidad se transforman entre sí (ley del paso de la cantidad a la calidad).

Lo real es racional y lo racional es real (Georg W. Hegel): Con esta idea, **Hegel** plantea que no existe oposición entre el mundo y la **razón** humana.

Locke, John (1632-1704): Filósofo **empirista** y médico inglés, partidario de la **teoría contractualista**. Filosóficamente, fue el primer teórico que planteó que el **conocimiento** no es infinito sino que tiene un límite para su desarrollo. L rechazó toda visión que suponga que el ser humano viene al mundo con ciertos **conocimientos** innatos y pensó al ser humano como una hoja en blanco (**tabla rasa**) sobre el que se hacen presentes ciertas impresiones o sensaciones que son enriquecidas mediante asociaciones más complejas (reflexiones). En el plano económico, adhirió al **mercantilismo**. En lo político, L es el teórico del **liberalismo**, y su teoría se vincula con la **Revolución Gloriosa** de 1688, anti-monárquica y anti-religiosa. Partió de un hipotético **estado de naturaleza** racional -para **Hobbes** era irracional- donde no había una lucha de todos contra todos sino asistencia mutua. Los hombres tenían allí **derechos** innatos naturales e inviolables, en particular la **propiedad privada**, derecho que surge del **trabajo** del hombre al transformar la naturaleza. Con el contrato, el hombre conserva sus derechos (junto con la propiedad, la vida y la libertad) y puede invocarlos ante el gobernante, quien puede ser revocado por el **pueblo**. El **individuo** es más importante que el **Estado**, el que sólo es un garante de los derechos de aquél, lo que habilita a los individuos a rebelarse contra un **gobierno** o **leyes** injustas. Su obra representó los intereses de la **burguesía**, que requería garantías para sus propiedades y libertad de **producción** y comercio. Su modelo político limitaba la **democracia** a la participación de los propietarios. Entre sus obras principales encontramos a: *Ensayo sobre el entendimiento humano* (1689) y ***Ensayo sobre el gobierno civil*** (1690).

Logocentrismo: Concepción que plantea que el mundo puede ser explicado exclusivamente a partir de la **razón**.

***Logos*:** **Término** griego que tiene muchos **significados**, aunque todos relacionados: medida, proporción, **razón**, argumento, **discurso**, frase,

facultad de razonar, facultad de hablar. Según **Aristóteles**, es lo que distingue al **hombre**.

Los entes no deben multiplicarse sin necesidad: Ver **navaja de Ockham**.

Lukács, György (1885-1971): Filósofo **marxista** húngaro, destacó la importancia de la **conciencia de clase** del sujeto revolucionario –la **clase obrera**- como condición fundamental para el triunfo de la **revolución socialista**. Entre sus obras principales encontramos a: *Historia y conciencia de clase* (1923).

M

Maniqueísmo (siglo III): Filosofía y **religión** de origen **persa** que sostiene la existencia separada y el conflicto eterno del mal (las tinieblas) y del bien (la luz). Su creador fue Maniqueo, persa nacido en **Babilonia**.

Maniqueo: Punto de vista que divide el **análisis** en dos polos, uno completamente afirmativo y el otro completamente negativo, y que no admite matices.

Marcuse, Herbert (1898-1979): Filósofo alemán, de la **Escuela de Frankfurt**, recibió influencias de **Freud** y de **Marx**. En su principal obra, *El hombre unidimensional* (1964) denunció la **alienación capitalista**, que lleva al hombre a abandonar la **razón** y a depender del consumismo. Fue uno de los pensadores más influyentes en el **Mayo francés**. Escribió también *Razón y revolución* (1941).

Maritain, Jacques (1882-1973): Filósofo **católico** francés, fue influido por el pensamiento de **Santo Tomás de Aquino**. Entre sus obras principales encontramos a: *Elementos de filosofía moral* (1960).

Marx, Karl Heinrich (1818-1883): Filósofo alemán, fundador del **so**cialismo científico, comunismo o materialismo histórico**. Postuló la **lucha de clases** como motor de los cambios históricos y –en el contexto de la **Segunda Revolución Industrial**- comenzó a organizar a la **clase obrera** mundial con el objetivo del derrocamiento revolucionario del **capitalismo** y la instauración de una **sociedad** comunista, sin explotadores ni explotados. Fue uno de los fundadores de la **I Internacional** y explicó el funcionamiento básico del **modo de producción capitalista** a través de la **acumulación de capital**, en base a la extracción de **plusvalía** realizada por la **burguesía** sobre el **proletariado**. Entre sus obras principales encontramos a: *Manifiesto del Partido Comunista* (1848, junto a Friedrich **Engels**) y *El Capital* (1867).

Marxismo (1843 →): Doctrina creada por Karl **Marx** que explica el funcionamiento de la **sociedad** en base a la **producción** material de la existencia humana y a la **lucha de clases** a través de la **historia** (materialismo histórico). Sostiene que la **propiedad privada de los medios de producción** es la base de la **explotación del hombre por el hombre** y que el **Estado** es un instrumento de la **clase dominante** para oprimir a las otras clases. El M introdujo en la **teoría del valor** el concepto clave de **plusvalía**, aquella parte del **trabajo** del **obrero** que no es remunerada y que un **capitalista** se apropia con el objetivo de acumular **capital**. Postula la formación de un **partido obrero** que derroque en forma revolucionaria a la **burguesía** e instaure la **dictadura del proletariado**, un **Estado obrero** como fase de transición a la sociedad **socialista** y a la fase final: el **comunismo**, sociedad sin clases ni Estado. El M se formó a partir de tres fuentes principales: la **economía política** en **Inglaterra** (**Smith** y **Ricardo**), el **socialismo utópico** en **Francia** (**Saint-Simon, Owen, Fourier**) y la **filosofía dialéctica** en **Alemania** (**Hegel**). Desde su surgimiento, el M ha dado lugar a una gran diversidad de movimientos (en muchos casos, antagónicos entre sí) que se reclaman pertenecientes a esta doctrina: **socialdemocracia, leninismo, stalinismo, trotskismo, maoísmo, castrismo, guevarismo**, etc. Entre los sucesores más importantes del M inicial de Marx y Friedrich **Engels**, se destacan **Lenin**, León **Trotsky**, Rosa **Luxemburgo**, Antonio **Gramsci**, José Carlos **Mariátegui** y Ernesto **Che Guevara**. En el plano teórico, el M ha realizado aportes fundamentales en campos tan disímiles como la **Filosofía**, la **Psicología**, la **Antropología**, la **Economía**, la **Ciencia Política**, la **Sociología**, entre otros.

Marxismo vulgar: Lectura simplificada del **marxismo**, basada en una **filosofía materialista** a-histórica (**Feuerbach**) y **positivista** (sostenida en una utilización tergiversada del **concepto** de "**materialismo dialéctico**"), e influida por el **mecanicismo**, el **determinismo** y el **economicismo**. El MV plantea la centralidad de los **fenómenos** económicos en abstracto y el carácter inevitable de la **revolución**, subestimando la importancia de la **lucha de clases**, la **historia**, la **conciencia de clase** y los factores **subjetivos**. Fue propio del **stalinismo**.

Materia (Aristóteles): Ver **forma**.

Materialismo (siglos XVII-XVIII): **Doctrina** filosófica que sostiene que la **materia** es el fundamento de la realidad y que el mundo existe desde siempre –y por lo tanto, no fue creado– y con independencia de los **sujetos**. La materia -en este sentido, que no es el aristotélico- está compuesta de corpúsculos que actúan unos sobre otros de acuerdo con **leyes** mecánicas expresables matemáticamente y ellos son a la vez el fundamento de toda realidad y la **causa** de todas las transformaciones (aunque no todo M es **determinista**). Así, la **idea** y el espíritu tienen un *status* inferior que varía según de qué M se trate, pero en líneas generales están determinados por la materia y deben ser explicados en términos de sus **causas** materiales. El M moderno es una reacción contra las investigaciones idealistas de corte **cartesiano** que privilegian la **gnoseología** y la certeza hasta el extremo de poner en tela de juicio la realidad del mundo sensible (tradición que inició **Platón**). Para el M, el mundo existe independientemente de la **conciencia** y debe estudiárselo como tal, es decir, sin la pretensión de que la conciencia tenga de él una captación plena e indubitable. Representantes del M: **Demócrito** y **Epicuro** en la **Antigüedad** y Thomas **Hobbes**, Gottfried W. **Leibniz**, Ludwig **Feuerbach** y Denis **Diderot** en el pensamiento moderno. Posteriormente, el **marxismo** desarrolló el **M dialéctico** y el **M histórico** para superar las que consideraba eran limitaciones del M precedente –en especial, el de Feuerbach-, al que calificó de **M vulgar**. Opuesto: **idealismo**.

Materialismo dialéctico (marxismo): Se llama con este nombre a las **doctrinas de Marx** y de **Engels** y a doctrinas posteriores que desarrollaron sus ideas. Se lo llamó así para diferenciarlo del **idealismo dialéctico** de **Hegel** ya que su herencia hegeliana es puramente metodológica: el MD es anti-idealista. El **método** del MD pone el énfasis en el **proceso** y no en el estado, en la conversión y no en el **ser**, en "la película" y no en "la foto", en las relaciones entre las partes y no en las partes aisladas, en la contradicción y en el movimiento. Se diferencia del método de

Hegel en que es menos especulativo, incorporando en los argumentos **datos** estadísticos y, en general, incorporando la **historia** en términos económicos y de **lucha de clases** y no ya la historia entendida como los pormenores de un **espíritu absoluto**. Una idea central de esta doctrina es la de que la vida espiritual es una **superestructura** de la **estructura** fundamental de las **relaciones de producción**, es decir, que la **ideología** o cosmovisión de las diferentes **clases sociales** en un momento histórico y sus **instituciones** están condicionadas por el lugar que ocupan en el "mapa" de la **economía** (en este sentido es materialista el MD clásico: las condiciones materiales puede ser **causa**, puede causar, en la medida en que la **sociedad** es un entramado de pactos implícitos sobre la **propiedad** de **bienes** económicos). El MD sostiene que hay **leyes** históricas que se conocen *a posteriori*, pero éstas no son leyes constantes como las físicas sino evolutivas: explican **procesos** que no se repiten. La historia es la resultante de fuerzas en conflicto y cuando un conflicto es suficientemente importante produce una ruptura e inicia una nueva fase. Estas fuerzas son principalmente económicas pero también son superestructurales, es decir que estructura y superestructura se relacionan dialécticamente. Una línea pretendidamente continuadora de las ideas de Marx y Engels que también se conoce como MD y sobre todo como *dia-mat* fue la ideología dominante de los **partidos** comunistas durante el **stalinismo** (influida por las obras de **Plejánov** y **Bujárin**). La *dia-mat* se distingue del MD originario por la tesis que podríamos llamar de "unidireccionalidad estructural" que dice que la estructura determina a la superestructura mientras que apenas sucede lo inverso. Los conflictos económicos en la estructura y en la naturaleza son dialécticos y no mecánicos (si lo fueran, sería un **determinismo** inquebrantable) y pueden explicarse a través de leyes que, para esta corriente, sí son asimilables a las leyes físicas. Sus defensores afirman que el *dia-mat* fue creado por Engels, pero no puede demostrarse que éste haya subordinado la historia de la lucha de clases a la materia y a la dialéctica de la naturaleza. Los críticos del *dia-mat* sostienen que el MD en manos del stalinismo constituyó una desviación determinista, **economicista** y **positivista** ajena al **comunismo** y al **marxismo**. En un sentido amplio, podemos mencionar como autores destacados del MD a **Lenin, Trotsky, Althusser, Gramsci,** Lukács, Lefèbvre, Kolakowski y **Sartre,** entre otros. El uso común no distingue entre MD y **materialismo histórico** (ver) y toma ambas expresiones como sinónimos que nombran el método del **marxismo** (ver) pero es posible trazar una distinción entre ambos: puede haber un materialismo histórico que no sea dialéctico (ni marxista) si explica la historia a partir de condiciones materiales pero niega el papel de la lucha de clases, negando así la dialéctica de la historia (como en el caso mencionado del stalinismo). Una posición como ésta se opone al **idealismo** histórico representado, entre otros, por Max Weber. Por otro lado, el MD puede aplicarse a un objeto que no sea histórico, sirviendo de instrumento para un análisis sincrónico (y, en ese caso, no se trataría de materialismo histórico).

Materialismo histórico (marxismo): Estudio de la **historia** humana desde el punto de vista de la historia del **desarrollo** de las **fuerzas productivas** y la **lucha de clases.** Para el MH, la historia no la hacen ni Dios ni el destino, sino el **hombre,** en su relación con el mundo **objetivo.** El MH trata de explicar las distintas formas de organización social que se dan en la historia, a partir de las condiciones materiales de **producción** de la riqueza y reproducción del hombre. **Marx** intentó descubrir el camino que llevase de los **modos de producción** basados en la **explotación** del **trabajo** de una **clase** por otra, a un modo de producir la riqueza sin explotación y –por lo tanto- sin clases. EL MH surgió a mediados del siglo XIX como respuesta a las **teorías** burguesas (**economía política, sociología clásica,** etc). Estas teorías habían surgido con las **revoluciones burguesas** en **Inglaterra, Francia** y **Estados Unidos,** en los siglos XVII y XVIII, con el fin de consolidar y defender al orden **capitalista,** amenazado por los profundos cambios políticos, económicos y sociales que se produjeron a partir de la formación de los **Estados modernos** (aproximadamente desde el siglo XV) y la **Primera Revolución Industrial** (aproximadamente desde 1750). Marx y **Engels** denunciaron que las tres banderas de la **Revolución Francesa** de 1789 –Libertad, Igualdad y Fraternidad- no se habían concretado. El reemplazo del **feudalismo** por el capitalismo no había traído una sociedad más justa. Y la **clase obrera** -los **asalariados** o **proletarios**- sufrían una terrible explotación. Marx y Engels estudiaron las bases del funcionamiento del capitalismo y las causas de sus **crisis,** con la finalidad **política** de organizar su derrocamiento. El MH criticó al **materialismo burgués,** reivindicando la existencia no sólo de una materia natural sino de una materia social, hecha por los hombres. Según **Gramsci,** esto significa que para el MH la materia **subjetiva** y la objetiva interactúan, de modo que la materia está social

e históricamente organizada. Según el **marxismo vulgar,** el MH tiene un rol secundario, siendo la aplicación del **materialismo dialéctico** (en su versión simplificada y deformada) a los **fenómenos** de la vida social: el *hismat* sería la abreviatura del MH, el elemento particular, siendo el elemento dialéctico natural el elemento universal. Pero para el **marxismo,** el MH implica la transformación **dialéctica** del mundo realizada por el hombre (ver también materialismo dialéctico y **marxismo**).

Materialismo vulgar: Ver **materialismo.**

Mayéutica (Sócrates): Método filosófico por el cual, partiendo de una serie de preguntas, se va llevando a un interlocutor al descubrimiento de la **verdad.** El término griego es de la familia de la palabra "parto" y el *Sócrates* de Platón se llama a sí mismo un "partero de almas", haciendo una analogía con la profesión de su madre que era partera, porque él "sacaba a la luz la verdad que ya estaba en su interlocutor". El método consistía en hacer preguntas, no en afirmar tesis propias y era el interlocutor solo quien se contradecía en sus respuestas (hábilmente guiado por las preguntas de Sócrates) y luego aceptaba que algunas de sus creencias eran equivocadas porque eran incompatibles con otras.

Metafísica: (Del griego: "Lo que está detrás o más allá de la física", es el título que habría puesto un editor de la obra aristotélica a los escritos que ubicó después de la *Física*, según especulan la mayoría de los filólogos). En **Aristóteles**, estudio del **ser** "en tanto que ser" (**ontología**) o de la **sustancia** (ousiología) o de las **causas** primeras (aitiología) o de Dios (**teología**) de acuerdo a las cuatro definiciones que da en su obra, *Metafísica*. En el pensamiento moderno y contemporáneo, **campo de lo abstracto y no observable**, aislado, inerte, eterno e inmodificable. En este sentido, para corrientes como el **positivismo** y el **marxismo**, la M estaría fuera del campo del **conocimiento científico**. Hay autores que identifican la M con la ontología y otros que dicen que la ontología es una parte de la M.

Metarrelato (Posmodernidad): Relato que pretende dar una explicación general y completa acerca del mundo, y que deposita sus expectativas en una salida general para el **género** humano (la salvación, el **progreso**, la **razón**, la **revolución**, etc). Según el pensamiento **posmoderno**, los M están en crisis, perdiendo capacidad explicativa y **legitimidad**. Son ejemplos de M: el **cristianismo**, el **liberalismo**, el **positivismo**, el **pensamiento científico** y el **marxismo**.

Método cartesiano (René Descartes): Procedimiento de acceso a la **verdad** a través de la puesta en duda de todo **conocimiento** que no sea indubitable (ver **duda metódica**).

Mill, John Stuart (1806-1873): Economista y filósofo **utilitarista** inglés, planteó que la **norma** de la felicidad es el placer o ausencia de dolor. Continuador de la obra de David **Ricardo**, sostuvo que en la **economía** existen **leyes** de la **producción** (regidas por la naturaleza y por lo tanto inmutables) y leyes de la **distribución** (que están sometidas a control del hombre), aunque no compartía con los clásicos la visión del *laissez faire* –promovía la **libre competencia** en la producción y el **comercio** pero abogaba por una distribución más equitativa de la riqueza, con un criterio de nivelación social–. Seguidor de F. **Bacon** en el plano filosófico, impugnó al deductivismo y defendió la **inducción**. Entre sus obras principales encontramos a: *Principios de economía política* (1845-47) y Sobre la libertad (1859).

Mito: Narración fantasiosa de corte sobrenatural e ilógico. **Platón** y **Aristóteles** utilizaban al M como una forma de aproximación deformada a la **verdad**, y G. **Vico** lo concebía como una verdad poética, no intelectual. F. **Schelling** lo vio como una suerte de **religión** espontánea, en tanto que **Freud** encontró una **estructura** común entre los sueños y los M, como **sistemas de significación**, lo que fue tomado luego por **Lévi-Strauss** quien la extiende al **lenguaje** y las relaciones de **parentesco** presentes en toda **sociedad**. B. **Malinowski**, en tanto, adjudica al M la **función** de garantizar el mantenimiento en el tiempo de la **cultura**. En la Sociología, el M cumple una función de **control social**. Algunos autores consideran al M como la forma más primitiva de **imaginario social**, la que puede expresarse en **ritos**. El mencionado Lévi-Strauss describe al M como un relato oral y anónimo, cuyo origen se desconoce y sin **significado** propio sino sólo en la relación con otros M –unos se transforman en otros– , y cuya real función es la de explicar el pasaje de la naturaleza a la **cultura** (con sus diversas oposiciones binarias: de lo animal a lo humano, de lo crudo a lo cocido, de lo desnudo a lo vestido). En definitiva, explican metafóricamente determinados problemas, le dan **sentido** al mundo sin tener –ellos mismos– un sentido.

Mito de la caverna (Platón): Describe la situación originaria del alma humana antes de contemplar las **ideas**, que sólo una enseñanza gradual puede permitir conocer. También conocido como la **alegoría de la caverna** (ver).

Mito de Prometeo: La versión de Hesíodo acerca del MP dice que los Dioses encabezados por Zeus mantenían oculto el fuego, lejos de los hombres, enojados por las bromas de Prometeo y porque -si los hombres tuvieran el fuego en su poder- se liberarían del trabajo físico. Prometeo roba el fuego para los hombres y Zeus amenaza con castigar a éstos. Para ello, ordena construir una figura de mujer de tierra y agua, de aspecto inocente y seductor, pero de carácter perverso, a la que llama Pandora y la envía a Epimeteo, hermano de Prometeo. Pandora destapa una enorme jarra de donde salen todos los males que el hombre todavía no conocía: angustia, fatiga, enfermedades, dolor, etc. La otra versión, que **Platón** pone en boca del sofista Protágoras, no pone el acento en el castigo sino en el rol que cumple el fuego en la **cultura** humana. Epimeteo reparte las capacidades entre los animales, olvidándose del hombre. Prometeo roba a Hefesto y a Atenea el fuego y la **técnica** para usarlo. Prometeo es castigado. En el MP, el fuego es interpretado como una **metáfora** del **conocimiento**.

Mitología: Concepción de la realidad que plantea la continua penetración del mundo de la experiencia cotidiana por parte de fuerzas sagradas, con una continuidad entre el mundo humano y el de los Dioses.

Momento abstracto o del entendimiento (Georg W. Hegel): Primer momento de la **dialéctica** hegeliana, donde el **entendimiento** fija las determinaciones de un **objeto** (por ejemplo, cuando decimos "esta hoja es blanca"). Es un momento abstracto, porque no tiene movimiento. Responde al **principio de identidad** (toda cosa es igual a sí misma). Hegel lo identifica con la "conciencia burguesa", porque se busca la seguridad de las determinaciones fijas. Aunque limitado, es un momento necesario para ordenar la realidad. Suele asociárselo a los conceptos de **tesis** y **espíritu subjetivo.** También llamado "momento de lo inmediato".

Momento negativo o dialéctico en sentido estricto (Georg W. Hegel): Segundo momento de la **dialéctica** hegeliana, donde la **negación** no es exterior a la realidad, sino que está en el interior de las cosas mismas. Además, no es una negación destructora sino creadora. Suele asociárselo a los conceptos de **antítesis** y **espíritu objetivo.** También llamado "momento de la **alienación** o perturbación".

Momento positivo o especulativo (Georg W. Hegel): Tercer momento de la **dialéctica** hegeliana, donde se supera la **negación**, produciéndose un nuevo elemento, que es el mismo que estaba al comienzo, pero enriquecido. Suele asociárselo a los conceptos de **síntesis** y **espíritu absoluto.** También llamado "momento de la mediación dialéctica".

Monismo: En general, cualquier **doctrina** que postule uno y sólo un elemento, **causa**, principio explicativo o tipo de **entidades** o del **ser** como **causa** de la existencia. Así, para el **materialismo**, la materia es la causa única de todos los **fenómenos** y para los **idealistas** lo son las **ideas.** Pueden considerarse representantes del M a **Parménides, Spinoza, Schelling** y **Hegel.** Opuesto: **dualismo, pluralismo.**

Moral: Disciplina que estudia cuál es el bien absoluto o el fin natural del hombre y examina los actos humanos señalando las reglas de conducta que aproximan a los hombres a ese fin (las **virtudes**) o los alejan del mismo (los vicios). Para algunos autores M se identifica con **ética** mientras que otros establecen una diferenciación tajante: la M (de *mores* o **costumbre**) implica un mandato social y normativo sobre los **individuos**, mientras que la ética refiere a los **valores** de la **conciencia subjetiva**, sin intervención del medio social externo.

Mundo de la vida (Edmund Husserl): (Del alemán, *lebenswelt*). Afirma

Husserl que la "crisis de la **ciencia europea**" se debe en gran medida a que ha olvidado que emergió del MV. Sostiene que, si no entendemos primero la **vida cotidiana** -el MV- no sabremos controlar a la ciencia, ya que en lo cotidiano hay determinadas pre-comprensiones (**valores**, creencias, etc), que influyen sobre la concepción que se tiene sobre la misma. Por ejemplo, el MV confía demasiado ciegamente en las generalizaciones realizadas a partir de la **observación inductiva**. La ciencia –dice- queda así severamente cuestionada en su confiabilidad. El MV no es un **hecho** sino un "horizonte de hechos" en el que emergen los **fenómenos** culturales, incluida la ciencia. El MV está presente en todo momento pero no nos es dado en la experiencia natural sino que hay que explicitarlo para poder criticarlo y modificarlo (ya que no es algo estático). Muchos autores afirman que la noción de MV es muy semejante a la de *"estar-en-el-mundo"* de **Heidegger**. También trabajaron este concepto la **Sociología comprensiva** de W. **Dilthey** y la Sociología fenomenológica de A. Schutz.

N

Nadie se baña dos veces en el mismo río (Heráclito): Frase fundamental de la **dialéctica**, demuestra la transformación permanente de las cosas.

Naturalismo (siglo XIX): Postura filosófica que considera a los **fenómenos** del mundo natural como los únicos existentes. Para esta posición, solamente se puede conocer el conjunto de los **hechos** observables y de allí derivan la **afirmación** de que no existe otro tipo de hechos o de que carece de sentido hablar de otro tipo de entidades que las que son **objeto** de las **ciencias fácticas**. Al N se le imputa una posición reduccionista porque pretende explicar todos los fenómenos por referencia a explicaciones de **ciencia natural**. El **mecanicismo** y el **materialismo** pertenecen al N (pero no a la inversa). Opuesto: espiritualismo, platonismo.

Navaja de Ockham: Principio económico que dice que "en vano se hace con más cosas lo que puede hacerse con menos", que Guillermo de **Ockham** introdujo en la llamada **disputa de los universales** como argumento a favor del **nominalismo**.

Negación de la negación: Ver **síntesis**.

Neokantismo (Alemania, 1860-1900): Corriente filosófica que produjo una renovación del pensamiento de **Kant**. Entre sus representantes se destacan la Escuela de Baden (N **axiológico**: por ejemplo, E. Lask y H. Rickert) y la Escuela de Marburg (N lógico: por ejemplo, H. Cohen y J. Volkelt).

Nietzsche, Friedrich (1844-1900): Filósofo alemán, profesor de filología clásica, discípulo de Arnold **Schopenhauer** (el principal teórico del **vitalismo**). Su obra filosófica, de un estilo personal y poético, ambiguo y deliberadamente enigmático, ha recibido una multiplicidad de interpretaciones, incompatibles entre sí. N se propuso llevar a cabo una crítica radical de la **cultura** que culmina con un llamamiento a abrazar ciertos **valores**, lo que se cristaliza en su idea del **superhombre**. Una estrategia muy común en sus críticas a las **instituciones** fue la de analizar el origen que hoy llamaríamos afectivo y biológico que tienen en los **sujetos** que las defienden o que las inventaron y mostrar que de alguna manera contradice a su forma externa y consciente, a modo de **demostración por el absurdo**. Para ello ha propuesto una serie de **conceptos** como *voluntad de vivir/morir*, *resentimiento*, *venganza silenciosa*, etc. que dan cuenta de los valores, considerándolos como estrategias para llevar a cabo fines **inconscientes**. Cuestionar así la **conciencia** que la cultura tiene de sí misma constituye una innovación radical que repercutió con fuerza en la **filosofía** europea posterior y en particular inspiró a **Freud** sus **teorías** psicoanalíticas. N consideró decadente y condenada por tanto a un hundimiento, a la **moral** que contradice a los instintos que la engendran, a la voluntad de vivir o voluntad de dominio. N se apoyó en el irracionalismo contra el **racionalismo** socrático y pos-socrático. Atacó la sobrevaloración que se ha hecho de la facultad racional y la pretensión de **objetividad** del hombre de **ciencia**: negó que exista *una* **verdad**, afirmando que los **hechos** no existen: sólo hay interpretaciones. Opuso a la **subjetividad** moderna (una pasiva captadora de **datos**) un **sujeto** creador de valores y de interpretaciones guiado en última instancia por su cuerpo, que no es un animal burgués que busca la comodidad sino un ser que disfruta del (inevitable) vivir en peligro. La filosofía de N es un "martillo" que destruye los conceptos y deja al **individuo** libre, huyendo de los encasillamientos y buscando desarrollar su voluntad de vivir y sus instintos. Opuso la visión individualista y aristocrática del superhombre a la moral **cristiana** (a la que veía como mezquina, la moral del rebaño, la de la culpa y el resentimiento), postulando la "muerte de Dios" y oponiéndose a la "moral de los **esclavos**", del **pueblo**, de los explotados, de los pobres. Entre sus obras principales encontramos a: *Así habló Zaratustra* (1883-1885), *La genealogía de la moral* (1887) y *La voluntad de poder* (1889).

Nihilismo: (Del latín *nihil* = nada). **Doctrina** que niega toda creencia, ya sea de la existencia de una **verdad**, de la posibilidad del **conocimiento** o de Dios. El N relativo a la posibilidad del conocimiento ha sido caracterizado como una dogmatización del **escepticismo**, ya que no supone un a **duda** sino la firme creencia acerca de que no es posible conocer. El N es la pérdida de **sentido** del mundo: todas las certezas se pierden, primando la duda y el escepticismo. Se caen los **dogmas**, las religiones, los **valores** dominantes: para el N, ése es el **signo** de nuestra época. Es el ocaso de la "interpretación **moral** del mundo", la era de la incredulidad. El N descubrió que detrás del mundo no hay nada: el mundo no tiene un sentido pre-constituido, una **metafísica** (un "más allá" o un "paraíso" a donde llegar). La metafísica era el truco por el que se le buscaba sentido al mundo, una trascendencia: la **religión**, la **razón**, la **ciencia**, etc. Y el resultado era la negación de la vida, del devenir, del cambio, de la multiplicidad, de la **contingencia**. Por ello, los nihilistas plantean la necesidad de abandonar todo endiosamiento: "Dios ha muerto", dirá **Nietzsche**. El N moral fue estudiado en profundidad por Nietzsche, quien lo definió como el rechazo de los valores considerados superiores desde una perspectiva de sobreestimación de los **juicios** morales de valor, es decir, con un criterio moral alternativo. La causa histórica del N europeo sería, según él, la interpretación cristiana de la existencia y la de la **Modernidad**, debido a la voluntad de comprenderlo todo negando la vida. Nietzsche criticó a este N y propuso otro que no perdiera de vista la naturaleza de la moral: una "doctrina de las relaciones de dominio en que surge el fenómeno *vida*", dicho de otro modo, los **juicios de valor** son fisiológicos y la moral es su posterior expresión lingüística que incluye por lo general una defensa "de abogado" que no es en modo alguno un cuestionamiento de su **validez**. El N fue planteado por primera vez por F. Jacobi y J. Paul y retomado luego por Arthur **Schopenhauer**, Max Stirner y el mencionado Friedrich Nietzsche.

No es la conciencia del hombre la que determina su ser social, sino que es el ser social lo que determina su conciencia (Karl Marx): Frase que sintetiza el **materialismo histó-rico de Marx**, ya que hace referencia a la dependencia de las **ideas** humanas con respecto al contexto material e histórico en el que el **hombre** se desenvuelve.

Noético: Aquello que es evidente por sí mismo.

Nominalismo (siglo XI →): Doctrina medieval que trata sobre la relación entre los **objetos** y sus nombres, que afirma que sólo tienen realidad los objetos particulares (*este auto blanco*) y no los **conceptos** generales (*la blancura*). **Filosofía metafísica** que afirma que los términos **universales** –los conceptos– no tienen entidad más que como operaciones de la mente y no como sus objetos atemporales de intelección (que es lo que sostiene el **realismo** platónico) y que dice que lo único que existe y puede percibirse realmente es un conjunto finito de casos particulares de una categoría. Abelardo (1079-1142) defendió el N sosteniendo que la realidad se conoce desde el análisis de sus partes individuales. También fue representante de esta corriente Guillermo de **Ockham**. El N enfrentó al realismo en la **disputa de los universales** y es una de las fuentes del **empirismo** y el **individualismo metodológico**.

Noseología: Ver **gnoseología**.

Noúmeno (Immanuel Kant): La realidad profunda del mundo exterior (**fenómeno**), imposible de acceder para el **conocimiento**, ya que se halla fuera de toda **experiencia** posible, y **objeto** de estudio de la **metafísica**. En este sentido, el N es equiparable a la **cosa en sí** (lo que *es* realmente) y se opone a lo fenoménico (lo que *parece*). Pero Kant por momentos distingue entre uno y el otro, siendo el N el concepto de la cosa en sí, así como el **fenómeno** es el concepto de **apariencia**. En la tradición racionalista, N es la realidad **inteligible** o lo que es pensado, opuesto al **mundo sensible** de los fenómenos.

Ockham, Guillermo de (1270-1347):
Teólogo, filósofo y lógico escolástico.
Fue un defensor de la separación de
la **Iglesia** y el **Estado**, y discrepó con
la lectura **medieval** de **Aristóteles**,
razones por las que fue excomulga-
do. Utilizando la denominada **"navaja de Ockham"** sostuvo su **tesis** de
que "no hay que multiplicar los entes sin necesidad", siendo referente
del **nominalismo** en la **disputa de los
universales**. Fue pionero en ideas
que luego desarrollarían el **Renaci-
miento** y la **Reforma Protestante**.

Omnímodo: Que lo incluye todo.

Omnisciente: Que tiene un **conocimiento** perfecto y completo de todo.

Óntico: Lo que existe, lo que tiene
ser. Según **Heidegger**, lo que refiere a los **entes** (**esencia**) en oposición a lo **ontológico**, propio del ser
(existencia).

Ontología: Estudio del **ser** o el **ente**
en sí mismo, independientemen-
te de sus modos o **fenómenos** (la
"**ciencia** de la **esencia**", según **Husserl**). El **término** apareció en el siglo
XVII con J. Clanberg. La O de una
teoría, sea filosófica, científica o
pseudo-científica, es el conjunto de
entidades que postula. Por ejemplo,

el **psicoanálisis** postula un ente al
que llama **inconsciente** y caracteriza
con una serie de propiedades mientras que la **psicología conductista** ni
se ocupa de este **objeto** ni acepta
que exista tal como lo concibe el
psicoanálisis, por lo que las O de estos **sistemas** son diferentes. Opuesto: **deontología**.

Operacionalismo: Corriente filosófica que afirma que el **significado**
de un **concepto** es el conjunto de
operaciones repetibles que deben
llevarse a cabo para determinar sus
casos particulares. Por ejemplo, la
temperatura está dada por el procedimiento de usar un termómetro
para tomar la temperatura de alguna cosa determinada. **Hempel**, en
1954, criticó a esta posición por la
vaguedad con la que se definía el
concepto de "operación" y dijo que
una vez que se precisara la noción
no iba a generar las condiciones
para una definición operacional sino
las de una **verificación**, semejante a
la del **neopositivismo**. Sus principales representantes son P. Bridgman
y H. Dingler, quienes desarrollaron
en la década del '50 el O en el campo de la física para luego extenderlo
a las ciencias exactas.

Opinión: Ver *dóxa*.

P

Parménides de Elea (540-470 a.C.): Filósofo **presocrático** griego, representante de la escuela eleática, que concebía al **ser** como uno, eterno e inmutable, en oposición al movimiento y cambio perpetuos de **Heráclito**. Se lo considera fundador de la **metafísica** –el estudio del ser- y de la **teoría** del **conocimiento**.

Peripatéticos: Nombre que recibían los seguidores de **Aristóteles**, habituados a hablar o discutir caminando.

Pienso, luego existo (René Descartes): *Cogito ergo sum*. Esta afirmación es según el autor, indubitable y en tanto que tal es un fundamento sólido para inferir otros conocimientos. En las *Meditaciones metafísicas* la conciencia de **ser** un ser pensante lleva a **Descartes** a la convicción de que de ahí se deriva la existencia de Dios. De este modo, **Descartes** plantea a un **sujeto** con ideas innatas, con Dios como garantía de la **verdad** de nuestras ideas (ver **método cartesiano** e **idea** en Descartes).

Pitágoras (584-496 a.C.): Filósofo **presocrático**, matemático y metafísico nacido en Samos. Considerado uno de los fundadores de la Geometría, creó el **teorema** que lleva su nombre y aplicó el **método deductivo**. Sostenía la armonía del universo sobre la base de la relación entre los números y las cosas.

Platón (428-347 a.C.): Filósofo griego, discípulo de **Sócrates**, de quien tomó el **método** del diálogo o **dialéctica**. A diferencia de Sócrates, P escribió su pensamiento y lo hizo en forma de diálogos socráticos (diálogos con Sócrates) que era un género literario difundido en su época. Pregonó el **idealismo objetivo**, según el cual las **ideas** son eternas y lo único real mientras que el mundo sensible no es más que un flujo de imágenes cambiantes que apenas reflejan la realidad de las ideas. Un caso de esta **tesis** es: "Los caballos no existen, lo único que existe es la idea que tenemos de los caballos, el caballo en sí." Hay aquí un dualismo, en la distinción entre el mundo de las ideas (lo inteligible, intemporal) y el mundo sensible, que es temporal. Al **conocimiento** de la **esencia** de las cosas se accede por la **razón** y no por la percepción. Escribió numerosas obras, entre las que se destaca *La República*, en la que propone un **modelo** aristocrático, según el cual la **sociedad** debía ser gobernada por los que más saben: los filósofos. Distinguió tres **clases sociales**, cada una con una característica: 1- los gobernantes o magistrados, la prudencia, 2- los guerreros, la fortaleza y, 3- los labradores y **artesanos**, la templanza. La justicia se da cuando cada uno cumple con la **función** social que le tocó. Fundó la escuela de **filosofía** llamada la **Academia**, donde le dio clases a **Aristóteles**, entre otros. Entre sus obras principales encontramos a: *La República, Fedón, Parménides* y *Sofista*.

Platónico: Relativo al **platonismo**.

Platonismo: Postura de **Platón** y sus seguidores que sostiene que las **ideas**, a las que llamamos hoy **universales** y a las que sólo accedemos mediante la **razón**, son reales, tanto o más que el mundo espacio-temporal al que accedemos por los sentidos.

Posibilidad: Situación de lo que puede llegar a ser (aunque aún no es). Opuesto: **imposibilidad**.

Positivismo (siglo XIX): Filosofía y **método científico** que plantea como postulados básicos: 1) que los **hechos empíricos** y la **inducción** son los únicos medios eficaces del **conocimiento**, rechazando la **metafísica** y la **teología**, 2) que las diferentes disciplinas científicas deben tener el mismo **método** más allá de que tengan diferentes **objetos (monismo metodológico)**, 3) que las **ciencias naturales** -la física matemática en especial- constituyen un **modelo** para el resto de las **ciencias**, incluidas las humanidades, 4) que la **explicación científica** consiste en encontrar **leyes** que involucren a gran cantidad de casos individuales, demostrando la **causa** de un tipo de **fenómeno** y, 5) que debe ser posible prever lo que va a ocurrir en el futuro, y para eso hacen falta fuertes leyes **generales**. Otras ideas que compartieron algunos positivistas, aunque no todos: la **modernización**, la **racionalidad**, la **razón instrumental**, la **evolución** lineal de la **sociedad**, la fe en el **progreso** en base a la innovación científica y tecnológica, el **darwinismo social** (sobrevive el más fuerte), la función civilizadora del hombre blanco (**racismo**), el no cuestionamiento del pasado (tradición) y la idea de que la sociedad debe ser mirada de la misma manera que un organismo biológico (**organicismo**). Son autores claves del P: Francis **Bacon**, David **Hume**, John S. **Mill** y Augusto **Comte**.

Posmodernidad (década de 1960 →): Surgido del contexto del arte (el posmodernismo), el concepto P se extendió luego a la discusión filosófica para hacer referencia a la **crisis** de la **Modernidad** en general y de la Modernidad capitalista en particular. La P cuestiona la concepción moderna del **progreso** como camino ascendente y progresivo, considerando los resultados adversos de la **industrialización** y la utilización de la **tecnología**, entre otros aspectos. También pone sobre el tapete la idea de la **sociedad** como una totalidad, reivindicando en su lugar una visión de la sociedad como una multiplicidad de fragmentos y espacios, incluso en temáticas como el **poder** –bajo la influencia de M. **Foucault**-. El **discurso** posmoderno propone resaltar la diversidad, el individualismo, la multiplicidad de **lenguajes** y el **relativismo axiológico** -es decir que frente a los valores, no se toma posición: "**todo vale**"-. En este sentido, la P recibe el influjo del pensamiento de F. **Nietzsche**, de donde se nutre para elaborar conceptos como la "crisis de las certidumbres" o "metarrelatos", el "**fin de la historia**" o el sin sentido del mundo. En particular, la P implica un rechazo a las explicaciones generales o **teleológicas** de la **historia** como las que proporcionan la salvación divina o la **revolución** de raíz **marxista**. Algunos críticos han planteado que la P opera como un mecanismo ideológico reproductor del llamado **capitalismo** posindustrial. Entre los principales pensadores ligados a la P tenemos a G. Vattimo y J. F. Lyotard.

Potencia (Aristóteles): (Del griego *dýnamis*). Esta noción y la de "acto" son usadas por **Aristóteles** para dar cuenta del cambio. Algunos intérpretes equiparan la P y la **materia** y del mismo modo la **forma** y el acto, pero hay buenas razones para no hacerlo: el par P-acto puede explicar el movimiento y el otro par sólo ofrece un enfoque estático (ver **forma**). La P es la posibilidad real (y no meramente lógica) de pasar a otro estado que tiene una cosa, es su capacidad para ser algo que actualmente no es: por ejemplo, la capacidad del hombre para procrear es su P, pero sólo se transformará en efectividad cuando se forme la cigota.

Pragmatismo (EE.UU., 1872 →): **Filosofía utilitarista** que sostiene que la **verdad** del **conocimiento** está en sus **efectos** prácticos, es decir, en su **utilidad** y posibilidad de llevarse a la **acción**. Por ejemplo, "Dios existe" es verdadera para alguien que encuentre satisfacción espiritual en esa creencia, según señala W. James. El P se vincula con el **positivismo** y el **empirismo** y se opone al **racionalismo**. Principales representantes: Charles S. **Peirce**, William James, John **Dewey** y en la actualidad Richard Rorty.

Praxis (marxismo, 1845 →): Transformación material de la realidad hecha por el hombre. Conjunto de las prácticas sociales o unidad **dialéctica** entre la realidad y el pensamiento. El **concepto** surgió de la crítica de **Marx** a **Feuerbach**, donde denunció como estéril a la **teoría** sin consecuencias concretas y ciegas a las prácticas sin la guía de la teoría. L. **Althusser** entendió que el pensamiento en sí es P, acuñando el concepto de "práctica teórica", visión no demasiado aceptada en el campo **marxista**.

Presocráticos: Filósofos griegos anteriores a **Sócrates** que cuestionaron los **mitos** y recurrieron a las **observaciones** y **experiencias** naturales para explicar el mundo (los milesios) o bien a la matemática (**Pitágoras**), o bien a la **lógica** (**Parménides**, **Zenón** de Elea) o bien a una profunda inspiración racional (**Heráclito**). Hay muchos más P de los cuales se conservan fragmentos pero éstos son los más famosos por la influencia que tuvieron en pensadores como **Platón**, **Aristóteles** y luego en **Hegel**, **Nietzsche** y **Heidegger** entre otros. Los P fueron los primeros matemáticos, físicos y astrónomos de **Occidente**.

Primer motor (Aristóteles): Expresión con la que **Aristóteles** designa a Dios, el que mueve todo sin ser movido, **causa** última del movimiento en tanto objeto de deseo o amor y primer principio de todo lo que es, perfecto y eterno.

Principio de Ockham: Ver **navaja de Ockham**.

Problema de los universales: Ver **disputa de los universales**.

R

Racionalidad: Aquello vinculado con lo perteneciente a la razón.

Racionalidad instrumental: Ver razón **instrumental.**

Racionalismo: Postura filosófica que confía en que la **razón** explica al universo, lo domina, lo prevé, pudiendo conocerse las **causas** últimas de las cosas. Los supuestos básicos del R en metaciencia o **filosofía de la ciencia** son: que la **teoría** es más importante que la **observación** y la **experiencia** y que los **enunciados observacionales** no son la base segura para el **conocimiento** porque son posibles dentro de las teorías y –por lo tanto- son tan falibles como éstas. El R ve una naturaleza ordenada racionalmente, cuya **estructura** puede ser descubierta por la razón y el **modelo** matemático, que parte de ciertos principios universales para extraer de ellos toda la **verdad** que encierran. En este sentido, todo **conocimiento** cierto es *a priori* y evidente y proviene de la **deducción lógica** racional, utilizando **proposiciones analíticas.** Aunque el **idealismo** de **Platón** y **Parménides** es considerado un antecedente del R, el **término** se aplica a los filósofos modernos, como **Leibniz, Spinoza** y **Descartes.** Éste afirmó los dos grandes **axiomas** de esta escuela: el predominio de la razón (las **ideas** innatas son la única base segura del saber) y la invariabilidad de las **leyes** naturales. Opuesto: **empirismo.**

Razón: 1. Facultad mental distintiva de los humanos que nos permite conocer lo general o universal. **2.** Fundamento, **causa, principio** que explica por qué algo es como es. **3.** El correlato **ontológico** de la **explicación,** es decir, cierto ordenamiento constitutivo de la realidad. **4.** En ocasiones se habla de R indicando a la vez los últimos dos sentidos. **5.** En la Edad Media la R se distinguía de la fe y era una discusión frecuente la de cuál de las dos facultades era más importante. Hay autores que sostuvieron que la R se subordinaba a la fe, otros lo inverso, otros que había entre ambas un equilibrio y que se complementaban en el acceso a la **verdad** y otros postularon una separación entre ambas (doctrina de la doble verdad). En líneas generales, se entiende que el **objeto** de la R es el **conocimiento** mientras que el de la fe es la verdad o realidad a la que se accede por la lectura de los Evangelios, el diálogo con Dios, bajo el supuesto, a veces, de que no siempre pueden darse explicaciones de por qué las cosas son como son y que sin embargo hay alguna captación de cómo son las cosas. **6.** En la Modernidad la R se independiza de la fe, pueden distinguirse las versiones del **racionalismo** y del **empirismo** acerca de la naturaleza de la R como facultad y como su objeto (ver). **7.** Para **Kant**, la R es la facultad que proporciona los principios del conocimiento *a priori*. Se distingue del **entendimiento** que es la actividad mental que ordena los **datos** de la sensibilidad por las categorías, mientras que la R hace la síntesis de los conocimientos del entendimiento construyendo **ideas** trascendentes. Distingue la R **teórica** o **especulativa** vinculada a los principios *a priori* del conocimiento, de la **R práctica** vinculada a los principios *a priori* de la acción. La R en un sentido amplio se opone a la **experiencia**, mientras que la R diferenciable del entendimiento se llama propiamente R **pura. 8.** Para **Hegel**, la R nos permite alcanzar el absoluto, porque aprehende las cosas en su totalidad. Así -ante el **entendimiento** que separa y opone- la R une en una totalidad concreta. La R deviene y transita varios estadios en un desenvolvimiento dialéctico que culmina con la identificación entre R y realidad.

Razón instrumental: La RI se ocupa de guiar la acción por el camino más deseable en relación a algún fin. Es decir, establece los medios para lograr cierto objetivo, a la luz del **conocimiento** de la realidad o de

hipótesis acerca de la realidad y es considerada a veces como la **causa** de la **acción** humana. Por lo general y desde **Aristóteles**, la RI que acompaña a cierta acción produce o implica un **razonamiento** cuyas **premisas** contemplan el fin de la acción y un **estado de cosas** que indica los medios apropiados para la realización del fin y cuya **conclusión** es la acción misma. Según esta concepción, la acción impulsiva que no supone un razonamiento de este tipo no es acción racional y por tanto no involucra a la RI o **razón práctica**. Algunos autores llaman RI a la **idiosincrasia** típica de la racionalidad científico-técnica de la **sociedad** industrial moderna, que busca los medios para llegar a un fin, sin cuestionarse esos fines. Por ejemplo, se le critica a la RI haber generado las condiciones para que la **ciencia** colabore en la creación de armas nucleares.

Razón práctica: 1. Ver **razón instrumental. 2.** La RP para **Aristóteles** siempre tendía al Bien, porque todas las personas que realizaban alguna acción la emprendían para obtener algún bien, por lo que el fin supremo de la **razón** en sí misma debería ser el Bien absoluto. Por este motivo, la RP necesitaba del espacio de la *Polis* para desarrollarse e implementar esta tendencia al bien. **3.** En **Kant**, la RP proporciona los principios del conocimiento *a priori* de la **acción**.

Realismo: 1. **Tesis** filosófica de raíz **platónica** que afirma que los **conceptos** o **categorías universales** son reales, es decir, tienen una **realidad** de una naturaleza especial diferente de la del mundo sensible. El R extremo llega a afirmar que la única realidad es la de los universales (también llamados **ideas**), de modo que superan a cada uno de sus ejemplos concretos. Así, "mesa" –concepto **universal**- posee una **sustancia** propia, superior a la de cada una de las mesas existentes. El R constituyó una de las posturas de un debate que atravesó el **Medioevo** y que lo enfrentó con el **nominalismo** en la llamada **disputa de los universales**. El R ha influido en el pensamiento de diversos autores, por ejemplo, en **Hegel**. 2. Dícese también de la postura de atenerse a los **hechos** y no a los principios, motivos o fantasías.

Región sublunar (Aristóteles): Parte imperfecta del universo aristotélico donde reinan el cambio, la corrupción y el devenir, situada debajo de la órbita de la luna (de su esquema geocéntrico). Opuesto: **región supralunar**.

Región supralunar (Aristóteles): Parte perfecta del universo aristotélico que se mantiene idéntica a sí misma. Es incorruptible e inmutable, situada arriba de la órbita de la luna (de su esquema geocéntrico) hasta la esfera de las estrellas fijas, donde se suponía que acababa el universo. Opuesto: **región sublunar**.

Reichenbach, Hans (1891-1953): Filósofo **neopositivista** alemán. De orientación **inductivista**, creó los **conceptos** de **contexto de descubrimiento** y **contexto de justificación**. Entre sus obras principales encontramos a: *Objetos y métodos del conocimiento científico* (1931).

Reificación: Actitud de tomar los **fenómenos** humanos (ideas, procesos, relaciones, propiedades, etc) como si fuesen cosas, en términos no humanos o suprahumanos, como si fueran algo no creado por los humanos, como hechos naturales, divinos, etc. Cuando hay R, el hombre olvida que él mismo ha creado el mundo humano, y ve un mundo deshumanizado. Se dice entonces que el hombre está **alienado** o tiene una **falsa conciencia** (Marx). Así, por ejemplo, se critica a **Durkheim** el que sus **hechos sociales cosificados** son un ejemplo de R.

Reino de la libertad (Karl Marx): Denominación dada por **Marx** a la situación de los hombres en la **sociedad comunista**. Requiere un desarrollo altísimo de las **fuerzas**

productivas y la desaparición de la división entre el **trabajo manual** y el **trabajo intelectual**, entre otras características. Marx imagina que en el comunismo, el desarrollo de las fuerzas productivas será tan alto y la riqueza producida será tan abundante –y disponible para todos- que ninguna persona tendrá que penar en su vida por no tener **trabajo** o por tenerlo en exceso. De ese modo, Marx imagina a un hombre que trabaje quizá unas pocas horas –la **tecnología** lo permitiría- y se dedicaría el resto del tiempo a vivir la vida, a disfrutar de su familia, de la naturaleza, del arte y de todo lo demás. En esta sociedad rige el principio "**De cada cual según su capacidad, a cada cual según su necesidad**".

Reino de la necesidad (Karl Marx): Denominación dada por **Marx** a la situación de los hombres anterior a la instauración de la **sociedad comunista**. La necesidad se explica porque en esa fase aún subsiste la división entre el **trabajo manual** y el **trabajo intelectual**, las **fuerzas productivas** no se han desarrollado lo suficiente y el **trabajo** sigue siendo considerado un medio de subsistencia. En esta sociedad rige el principio "**De cada cual según sus capacidad, a cada cual según su trabajo**". La primera etapa en el camino al comunismo -el **socialismo**- nace directamente de la sociedad **capita-**

lista, por lo que todavía recibe sus influencias (por ejemplo, el egoísmo o la competencia). Allí, la gente aún está acostumbrada a hablar de "lo mío" y "lo tuyo". Por eso, en dicha fase la **distribución** se haría en base al **trabajo** aportado por cada uno. Se trata aún, de un **derecho** que -por igualar en el trabajo- es desigual (ya que algunos pueden rendir más que otros).

Relativismo: Postura filosófica que sostiene el carácter no absoluto del **conocimiento** y que –por lo tanto- admite que el cambio de circunstancias modifica la **validez** de todo **enunciado**. Para el R el conocimiento humano sólo puede conocer las relaciones entre cosas, pero no a las cosas en sí mismas.

Rousseau, Jean Jacques (1712-1778): Filósofo y pedagogo suizo radicado en **Francia**, figura clave del **contractualismo** y el pensamiento de la **Ilustración**. En su *Discurso sobre los orígenes de la desigualdad entre los hombres* (1755) denunció la corrupción **moral** de la Humanidad. Concibió a un hombre con una bondad originaria, en el **estado de naturaleza**, corrompido con el surgimiento de la **propiedad privada** y la **civilización**. Su obra fundamental fue, sin duda, *El contrato social* (1762), en la que sentó las bases del pensamiento **iluminista** de la **pequeña**

burguesía democrática, que influyó en la **Revolución Francesa**. En esa obra, presentó al **Estado** como la unidad de la voluntad individual con la voluntad colectiva o **voluntad general**, y reivindicó la **democracia directa**. El contrato social rescata lo mejor del estado de naturaleza y de la **sociedad** implantando las condiciones sociales más convenientes para todos, a través de la voluntad general, única fuente de **soberanía** y del interés general, que "obliga a los hombres a ser libres".

Russell, Bertrand (1872-1970): Filósofo y matemático inglés, escribió *Principia Mathematica* con A. **Whitehead** (1910-1913), donde intentó dar una fundamentación **lógica** a la matemática. Posteriormente adoptó posiciones **empiristas** y **cientificistas**.

S

Saber es poder (Francis Bacon): La expresión simboliza la importancia que este filósofo **empirista** daba al **saber** práctico.

San Agustín (354-430): Filósofo **medieval** nacido en África, sostuvo que la igualdad espiritual ante Dios es lo que caracteriza a los hombres. SA intentó la armonización de la **filosofía** y la fe –siendo esta última el fundamento natural de la **razón**-. SA fue el primero que conformó lo que luego se denominaría la filosofía cristiana. Un aspecto de su influencia **platónica** se manifestaría en la **idea** de alejarse de las apariencias sensibles para captar lo **inteligible**, para poder dirigirse con certeza hacia Dios. Así, SA describió dos reinos: la Ciudad de Dios o ciudad celeste, que es perfecta, y la ciudad terrena, sometida a la primera. Dios dirá a cual pertenece cada uno. De este modo, todo **poder** viene de Dios: el reino de la Tierra se somete a las **leyes** divinas, que determinan el **sentido** y destino de todo. La posibilidad de alcanzar la **verdad**, para SA, está ligada a descubrir en el alma la presencia de Dios que ilumina las verdades eternas. El procedimiento para lograr ello pasa por lo que SA llama iluminación interior. Entre sus obras principales encontramos a: *La Ciudad de Dios* (412).

Santo Tomás de Aquino (1227-1274): Filósofo y teólogo nacido en Nápoles. Recristianizó la **filosofía** de **Aristóteles**, combinándola con la lectura de la **Biblia**. ST logró una síntesis entre **teología** y filosofía en la que adquiere una autonomía relativa el elemento de la **razón**. Como Aristóteles, ST piensa que el hombre es un compuesto de cuerpo y alma pero da una enorme importancia a la segunda. Así, el hombre es **individuo** por su alma -que es inmortal-. Justificó el origen divino del **poder**, pero planteó que el **Estado** surge de la necesidad humana, de sus instintos, y no como consecuencia no deseada de un pecado original -que es la concepción negativa del Estado, presente en **San Agustín**-. ST ve a la **sociedad** en forma jerarquizada: Dios en la cúspide, el **Papa** como su representante en la Tierra -concentrando el poder espiritual y el poder **secular**-, el soberano o **Rey**, la **nobleza** y los **vasallos** o **siervos**. Cada hombre ocupa en la **sociedad** el lugar que Dios le dio. Entre sus obras principales encontramos a: *Summa Theologica* (1265).

Sartre, Jean-Paul (1905-1980): Filósofo y escritor francés, uno de los principales representantes del **existencialismo**. Sostuvo que la existencia precede a la **esencia**: no hay Dioses ni espíritus absolutos que determinen a la existencia. En verdad, no hay esencia, sino la sensación de la nada o "inautenticidad". En este sentido, la libertad del hombre se logra al costo de vivir con la angustia existencial: no hay nada más allá del hombre mismo, pero al menos podemos hacer algo con lo que el mundo hace de nosotros. Es decir que afirmaba que todos los hombres somos libres (tenemos *libre arbitrio*) en un sentido muy fuerte: elegimos todo, incluso lo que el común de la gente considera que no se elige como todas nuestras creencias, nuestro carácter, etc. S aceptaba que hay una realidad entendida como *aquello que no podemos modificar*, que se resiste a nuestro deseo de que las cosas sean de otro modo. Pero él la veía como la condición indispensable de nuestras elecciones. La realidad así entendida no se nos presenta en forma de **proposiciones** verdaderas sino que nosotros debemos interpretarla y crear un **discurso** acerca de ella. Hay muchas maneras de interpretar la realidad y nosotros elegimos una de ellas y por tanto, debemos hacernos responsables de nuestra interpretación. A esto se refiere cuando dice que no hay esencias: no las hay hasta que las inventamos. Por esta tesis se considera a S un defensor del **pragmatismo**. Recibió influencias de **Kierkegaard, Hegel, Nietzsche, Marx,**

Husserl y **Heidegger**. Entre sus obras principales encontramos a: *El ser y la nada* (1943).

Schelling, Friedrich Wilhelm Joseph von (1775-1854): Filósofo **idealista** alemán. Criticó el **subjetivismo** de **Fichte**, afirmando que lo absoluto se forma de la suma del **sujeto** y del **objeto**, del **individuo** y de la naturaleza. De influencias kantianas, destacó la importancia del arte. Entre sus obras principales encontramos a: *Ideas para una filosofía de la naturaleza* (1797).

Schopenhauer, Arthur (1788-1860): Filósofo alemán, rechazando a **Hegel** reivindicó la voluntad omnipotente del **individuo** por encima de lo racional. El mundo es representación de un **sujeto**: todo el **conocimiento** humano proviene de la acumulación de percepciones, **fenómenos**, apariencias o representaciones. Influyó en el pensamiento de Friedrich **Nietzsche** y los neokantianos. Entre sus obras principales encontramos a: *El mundo como voluntad y representación* (1819-1844).

Ser: Todo ente existente, considerado, en general, único e irrepetible.

Síntesis: Tercer momento de la **dialéctica**, que unifica y supera a la **tesis** y a la **antítesis**. También se le llama **negación de la negación**.

Sócrates (469-399 a.C.): Filósofo griego, maestro de **Platón** (quien difundió sus ideas, que nunca escribió). Utilizó la **dialéctica** como **método** de enseñanza basado en diálogos progresivos hacia la **verdad**. La base de su pensamiento era la **moral** y el **conocimiento** de uno mismo: **"conócete a ti mismo"**, que debía conducir al reconocimiento de las falsas creencias que uno sostuvo sin saberlo porque nunca antes las había explicitado al punto de refutarlas: "sólo sé que no sé nada". Defendió la *techné* o **saber** práctico y útil, en contraposición al saber por el saber mismo y sostuvo que la duda es el origen de la verdad. Fue condenado a muerte acusado de corromper con sus ideas a los jóvenes y –aunque era inocente- aceptó beber la cicuta como muestra de acatamiento de la autoridad del **Estado**: aunque las **leyes** sean malas, los **ciudadanos** las deben obedecer.

Sofistas (Grecia, siglo V a.C.): Filósofos que centraban su atención en los problemas humanos y el saber práctico. Intervinieron activamente en la **política** de su tiempo y fueron rechazados por **Sócrates**, **Platón** y **Aristóteles**. Entre sus representantes encontramos a Protágoras y a Trasímaco.

Solipsismo: Forma extrema de

idealismo, el S plantea que sólo podemos estar seguros de nuestra propia existencia, ya que todo **conocimiento** nos es dado a través de sensaciones y éstas son engañosas. Lo demás, es ilusión nuestra.

Spencer, Herbert (1820-1903): Filósofo inglés, fundador de la **Filosofía** sintética o **evolucionista**. Apoyándose en la **teoría de la evolución de las especies** de Darwin, S estableció el **darwinismo social**, planteando el principio de la **supervivencia del más apto** al campo social para justificar el dominio racial, **colonial** y **capitalista** del mundo. De fuertes ideas **liberales**, entre sus obras principales encontramos a: *Sistema de filosofía sintética* (1862-93).

Spinoza, Baruch de (1632-1677): Filósofo **racionalista** holandés. Coincidió con **Descartes** en la confianza en el **método** geométrico (así llamaba al **método axiomático**) como medio para conocer con exactitud el mundo real. Identificó a Dios con la naturaleza misma o sustancia infinita (hay autores que califican esta tesis de **panteísmo**). En la relación espíritu-**materia**, afirmó que una cosa y la **idea** de esa cosa son lo mismo, sólo que desde dos perspectivas diferentes. Entre sus obras principales encontramos a: *Ética demostrada según el modo geométrico* (redactada entre 1663 y 1665 y publicada póstumamente), *Principios de filosofía de Descartes* (1663).

Stirner, Max (1806-1856): Filósofo **anarquista**, reivindicó la máxima libertad individual rechazando cualquier restricción. La corriente individualista que encabezó fue minoritaria en el movimiento anarquista. Entre sus obras principales encontramos a: *El individuo y su propiedad* (1845).

Summa Theologica **(Santo Tomás de Aquino, 1265):** Obra fundamental del **tomismo** en la que Tomás de Aquino expone las cuatro características definitorias de la **ley**: racional, perteneciente al **bien común**, creada por la **comunidad** y que requiere de su **promulgación** para que sea conocida por todos. La Ley Eterna es un plan eterno de Dios, la Ley Divina es la que guía al hombre a su fin último sobrenatural, la Ley Natural es la Ley Eterna destinada al hombre como ser libre y racional y la Ley Humana –el **derecho positivo**- es la creada por el legislador como derivación de la Ley Natural.

Superhombre (Friedrich Nietzsche): Figura que **Nietzsche** expuso en *Así habló Zaratustra*. El S es un ideal nietzscheano por medio del cual se puede "superar al hombre", es decir, a lo que hasta el momento los hombres han postulado como

modelo y han creído acerca de sí mismos. Esto es lo que ellos han definido como "Humanidad" o "lo que nos distingue de los animales", a saber: el hombre es racional, tiene conciencia total de sí mismo y es (o debe ser) justo y bueno con los otros hombres. Nietzsche ataca este ideal o imagen de sí mismo que tiene el hombre, porque le parece mentiroso. Según él se llama *justo* a lo que nos resulta cómodo, a lo que nos hace sentirnos bien con nosotros mismos y con nuestras elecciones, pero estas elecciones son previas al discurso que construimos para legitimarlas o justificarlas. Así, hay algo previo a la **conciencia** (el **inconsciente**), del que no se había hablado con seriedad antes de Nietzsche y **Marx**), y por ello ataca este autor también a la **razón** idealizada, a la que se atribuían cada vez más virtudes al son del **progreso** de la **ciencia** moderna. El S reemplazaría a Dios y a la **moral** cristiana. Es una nueva moral "más allá del bien y del mal", que haría a los hombres sinceros frente a sí mismos. Lo que todos realmente perseguimos, según el autor, es la auto-conservación y -para garantizarla- el **poder**. La moral burguesa, la moral judeo-cristiana, la moral *plebeya* "mienten poder", les dicen a los desposeídos que su condición de tales no es mala, prometen un mundo trans-mundano en el cual va

a haber premios para los "justos" y los "buenos". La justicia y el bien se reducen entonces a una promesa de poder para quien no lo tiene y por tanto es una mentira capaz de apagar el resentimiento. En un sentido semejante, dijo Marx que la **religión** es el "opio de los pueblos", ya que las promesas de la religión adormecen y aplacan el deseo de rebelión, de *hacer* la justicia.

Sustancia (Aristóteles): Fusión de **materia** y **forma**, lo que es en sí y por sí mismo. También llamada *entidad*, la S aristotélica es individual y espacio-temporal (a diferencia de la de **Platón**, que es la **idea**). Son ejemplo de S: quien escribe, un libro, un árbol, etc.

Sustrato: Lo que está detrás de lo superficial, lo sustancial o esencial de algo.

T

Tabula rasa (empirismo): **Concepto** central de la **filosofía empirista**. En su *Ensayo sobre el entendimiento humano*, **Locke** sostenía que las **ideas** no son innatas, es decir, no nacemos con ellas de modo que fueran previas a la **experiencia**, sino que al nacer, la mente es una TR, que se halla en blanco y vacía. Sólo a través de la experiencia penetran en ella las ideas. La **función** de la mente es reunir las impresiones y los materiales que suministran los sentidos.

Tales de Mileto (624-545 a.C.): Filósofo griego **presocrático**, investigó el origen del hombre y de las cosas, incursionó en la astronomía (prediciendo un eclipse de Sol) y elaboró el **teorema** matemático que lleva su nombre. Es considerado el primer filósofo de la **historia**.

Teleología: (Del griego *telos* = fin o meta). **Doctrina** filosófica que interpreta a los **fenómenos** de acuerdo con una finalidad. Se postula una propiedad de las cosas o **causa final**, el fin u objetivo, que va más allá de las características que tengan en un momento dado y que hace que se transformen en un modo que está pre-establecido. El **mecanicismo** rechazó la existencia de **causas finales**.

Teleológico: (Del griego *telos* = fin). Lo que tiene una finalidad. Lo que no se explica por las **causas** físicas sino por los fines.

Telos: Voz griega que significa finalidad o meta.

Teodicea (Gottfried Leibniz): Parte de la **metafísica** que trata acerca de la justicia divina y de la defensa de la existencia de Dios.

Teogonía: Teoría mítica sobre el origen de los Dioses.

Teología: Disciplina que estudia a Dios, sus características, **esencia** y existencia. En la **Antigüedad**, la T se orientaba al análisis de los **mitos**, pero **San Agustín** y **Santo Tomás de Aquino** le dieron su connotación actual.

Teorético: Teórico, especulativo.

Teoría atomista: Ver **atomismo**.

Teoría Crítica: Ver **Escuela crítica**.

Teoría de la causalidad (Aristóteles): Aristóteles sostuvo que, para que ocurra un **fenómeno**, intervienen cuatro tipos de **causas**: 1- **causa material** (el bronce), 2- **causa formal** (el **modelo** o **idea** que el artista tiene en su mente como proyecto de realización), 3- **causa eficiente** (la

acción de las manos del escultor) y,
4- **causa final** (la intención del escultor de terminar la obra).

Teoría del conocimiento: Ver **gnoseología.**

Teoría del contrato social: Ver **contractualismo.**

Tesis: Primer momento de la **dialéctica**, el momento de la **afirmación**.
También, idea fundamental de una
teoría.

**Todo lo que es racional es real
y todo lo que es real es racional
(Georg W. Hegel):** Esta frase de
Hegel ha tenido a menudo una
interpretación **conservadora** que
es la de entenderla por el lado de
que lo que existe está justificado
por el solo hecho de existir. Sin
embargo, Rubén Dri plantea que la
realidad mencionada en la frase es
únicamente la realidad en sentido
fuerte (la *wirklichkeit*) y no cualquier **fenómeno** real. Lo real que es
racional no es cualquier cosa sino
únicamente lo **intersubjetivo** e histórico: la familia, la **sociedad civil** y
especialmente el **Estado**, es decir,
instituciones que perduran más
allá del tiempo presente.

Tomás de Aquino, Santo: Ver **Santo
Tomás de Aquino.**

Tomismo (siglo XIII →): La **doctrina**
de **Santo Tomás de Aquino** y sus dis-
cípulos, centrada en la **escolástica**.
Entre sus principales representantes contemporáneos encontramos a
J. **Maritain.**

Trabajo alienado (Karl Marx): Tra-
bajo que el **asalariado** realiza
para otro, para el burgués que le
compra su **fuerza de trabajo**, para
satisfacer el interés de éste y no
para realizarse el **trabajador** como
ser humano. Así, el **obrero** produce
para un extraño, no para sí. El **producto** de su **trabajo** es extrañado
(alienado) por el **capitalista**. Pero
ese producto es encarnación de su
actividad, de su inversión física y
mental; los nervios y los músculos
del trabajador corren la suerte del
producto: el trabajo se convierte en
TA. **Marx** sostiene que el TA nació
en el momento histórico en el que
se separó al productor de los **medios de producción** (máquinas, **tecnología**, herramientas), lo que trajo
aparejado otras novedades conco-
mitantes o inherentes: la **explotación del hombre por el hombre**, la
separación entre **trabajo manual** y
trabajo intelectual, la aparición de
las **clases sociales** y sus luchas, el
Estado como forma de **dominación
política** concentrada y las **religiones** como institucionalización de la
dominación ideológica.

Trascendental (Immanuel Kant): Categoría que se aplica al **conocimiento**, examen o **filosofía** acerca de la posibilidad del conocimiento y que se ocupa del modo en que conocemos en tanto es posible *a priori.*

Trascendentalismo kantiano: Ver **kantismo**.

U

Utilitarismo (Inglaterra, siglo XIX): **Doctrina** filosófica **liberal** que plantea la superioridad del **conocimiento empírico** práctico por sobre las **normas** y los **valores**. Jeremy **Bentham**, James Mill, John Stuart **Mill**, Herbert **Spencer**, David **Ricardo** y Alfred **Marshall**, describieron a un **individuo** racional y egoísta, en **competencia** con los demás, que busca en el intercambio obtener placer y evitar el dolor. El U –cuya base es el **eudemonismo**- plantea también ideas como la de que lo útil es moralmente válido o bueno, la armonía natural entre los hombres y su carácter a-histórico.

Utopía (siglos XVI-XVII): (Del griego *utopos*, "lugar que no existe"). Idea que propone una **sociedad** o **estado de cosas** ideales. Con antecedentes en *La República* de **Platón**, la U en sí surgió con la obra de T. **Moro** que lleva ese nombre (1516), pero se desarrolló también en otras, como *La ciudad del Sol*, de Tomasso di Campanella (1602) y *La Nueva Atlántida*, de Francis **Bacon** (1621). En el siglo XIX, la idea de la U fue vinculada por **Marx** al pensamiento de una corriente que peyorativamente denominó "socialismo utópico". En el siglo XX aparecieron U negativas, centradas en una visión pesimista del futuro (por ejemplo, G. Orwell y A. Huxley). En la actualidad, el **término** refiere a toda aspiración a la que se tiende, pero se sabe de antemano que es imposible de alcanzar.

V

Valor: Cualidad positiva o negativa, escasa o abundante, que tiene algo para alguien. El V es el componente esencial de la **axiología**.

Veritativo: Referente a la **verdad**.

Vico, Giambattista (1668-1744): Filósofo italiano. Influido inicialmente por **Descartes**, rechazó luego los planteos de éste y sostuvo que solamente podemos tener certeza de aquello creado por nosotros mismos. Entre sus obras principales encontramos a: *Principios de una ciencia nueva* (1725).

Virtud: Aristóteles la define como el "**justo medio**", la situación media entre dos extremos o la capacidad de obrar con moderación según la propia naturaleza. También aparece en éste y en **Platón** como lo racional y perfecto. En el pensamiento **cristiano** la V está ligada al bien obrar y a la **moral**. En **Kant** la V aparece ligada al cumplimiento del deber.

Vitalismo (siglo XIX): Corriente que sostenía que el desarrollo de la vida persigue alguna finalidad (**teleología**) de perfeccionamiento creciente. El V surgió en oposición al **positivismo**, al **mecanicismo** y al **idealismo** y entre sus representantes más des-

tacados encontramos a H. Driesch,
F. **Nietzsche** y H. Bergson.

Voluntad de poder (Friedrich Nietzsche): Lucha entre distintas **verdades** por imponerse a la fuerza por sobre las demás. La voluntad, para este autor, es el producto de la lucha de diferentes almas, presentes a la vez en un mismo **sujeto**, por imponer su deseo. La VP, llamada también voluntad de vivir, es la ley que rige esa lucha y su producto, y se caracteriza por no responder a imperativos morales sino a la espontánea necesidad del sujeto de expandirse y conservarse.

Von Schelling, Friedrich: Ver **Schelling**, Friedrich von.

W

Wittgenstein, Ludwig Josef Johann (1889-1951): Filósofo y matemático austríaco, uno de los fundadores del **neopositivismo** y analista de las **funciones del lenguaje**, ligadas a la **descripción** y representación del mundo. Aspirando a construir un **lenguaje** lógico perfecto, sostuvo que el **conocimiento** es una generalización teórica de percepciones **empíricas** y que la **lógica** revela la **estructura** del lenguaje a través de las **proposiciones**, que son "retratos" o "maquetas" de la realidad (**estado de cosas**) planteando además que el mundo se basa en **hechos** simples (**atomismo** lógico, influencia de B. **Russell**). Posteriormente abandonó esta perspectiva (luego de haberla desarrollado en el *Tractatus Logico-Philosophicus*, 1921) y delineó una concepción innovadora sobre el lenguaje cuya **tesis** fundamental es que el **significado** de los **términos** está dado por su uso en una comunidad de hablantes: en el lenguaje los **"juegos de lenguaje"**, los usos prácticos, determinan significados y **sentidos**. A partir de esto inventó nuevas categorías para dar cuenta del lenguaje, plasmadas en su obra póstuma, *Investigaciones filosóficas* (1954). En virtud de este cambio se habla del "primer W" y del "segundo W".

La influencia que esta obra tuvo en filósofos posteriores es tan grande que los historiadores hablan de un momento llamado "el giro lingüístico" a partir del cual el curso de las investigaciones en filosofía del lenguaje abandonó el modelo **Frege**-Russell-primer W, para dedicarse al estudio del **lenguaje natural**.

Y

Yo trascendental (Immanuel Kant): Facultad humana que permite sintetizar los **datos** de la **experiencia** convirtiéndolas en **objetos**.

Z

Zenón de Elea (490-430 a.C.): Filósofo griego, discípulo de **Parménides**. **Aristóteles** lo consideró el fundador de la **dialéctica** por sus **aporías** o **paradojas** (por ejemplo, la **paradoja de Aquiles y la tortuga**).

BIBLIOGRAFÍA

En todos los casos se cita el año de edición consultada, que no necesariamente coincide con la primera edición de la obra ni con el año en que ésta fue escrita.

LIBROS

Aristóteles, La Política, Editorial Tor, Buenos Aires, s/f

Bunge, Mario, Ciencia y desarrollo, Siglo XXI, Buenos Aires, 1984

-, Filosofía y economía, Tecnos, Madrid, 1985

Carpio, Adolfo, Principios de Filosofía, Glaucos, Buenos Aires, 1995

Chalmers, Alan, ¿Qué es esa cosa llamada ciencia?, Siglo XXI, Buenos Aires, 2000

Descartes, René, Discurso del método, Alianza, Madrid, 1974

-, Meditaciones metafísicas, Alfaguara, Madrid, 1977

Fillingham, Lidia Alix, Foucault para principiantes, Era Naciente, Buenos Aires, 2002

Fink, E., La filosofía de Nietzsche, Alianza, Madrid, 1976

Hegel, Georg, Principios de la Filosofía del Derecho, Sudamericana, Buenos Aires, 1975

Hobbes, Thomas, Leviatán, FCE, México, 1980

Lechte, John, Cincuenta pensadores contemporáneos esenciales, Cátedra, Madrid, 1996

Lyotard, J., La condición postmoderna, REI, Buenos Aires, 1989

Marx, Karl, Manuscritos de 1844, Cartago, Buenos Aires, 1984

Marx, Karl y Engels, Friedrich, La ideología alemana, Grijalbo, Barcelona, 1972

Mill, John Stuart, El utilitarismo, Alianza, Madrid, 1984

-, Sobre la libertad, Hyspamerica, Buenos Aires, 1980

Nietzsche, Friedrich, Así habló Zaratustra, Alianza, Madrid, 1996

-, Más allá del bien y del mal, Alianza, Madrid, 1987

Osborne, Richard, Filosofía para principiantes I y II, Era Naciente, Buenos Aires, 1996

Pérez Lindo, Augusto (comp.), El concepto de realidad, teorías y mutaciones, Proyecto Editorial, Buenos Aires, 2003

-, El problema de la verdad, Biblos, Buenos Aires, 1996

Platón, Critón, Eudeba, Buenos Aires, 1987

-, La República o el Estado, Espasa-Calpe, Buenos Aires, 1967

Rousseau, Jean Jacques, Discurso sobre el origen de la desigualdad de los hombres, Alba, Madrid, 1998

Sautet, Marc, Nietzsche para principiantes, Era Naciente, Buenos Aires, 1997

Tauber, Ricardo et al, Filosofía y formación ética y ciudadana II, A-Z Editora, Buenos Aires, 2002

ARTÍCULOS

Fau, Mauricio, "Música y Filosofía: Modernidad, Posmodernidad y Posmodernismo", en Nietzsche actual e inactual. Proyecciones en el pensamiento contemporáneo, Actas de las Jornadas Nacionales Nietzsche 1994, Oficina de Publicaciones del CBC, Buenos Aires, 1994

Kant, Immanuel, "¿Qué es la Ilustración?", en Filosofía de la historia, El Colegio de México, México, 1941

Vattimo, Gianni, "Posmoderno, una sociedad transparente", en La sociedad transparente, Paidós, Barcelona, 1990

ENCICLOPEDIAS, DICCIONARIOS Y GLOSARIOS

Albano, Sergio, Michel Foucault. Glosario de aplicaciones, Editorial Quadrata, Buenos Aires, 2004

Bunge, Mario, Diccionario de Filosofía, Siglo XXI, México, 2001

Ferrater Mora, José, Diccionario de Filosofía, Editorial Sudamericana, Buenos Aires, 1975

Ferrater Mora, José, Diccionario de Filosofía abreviado, Editorial Sudamericana, Buenos Aires, 25ª edición, 2004

NOTAS

NOTAS

NOTAS